思想觀念的帶動者
文化現象的觀察者
本土經驗的整理者
生命故事的關懷者

Holistic

探索身體,追求智性,呼喊靈性
攀向更高遠的意義與價值
是幸福,是恩典,更是內在心靈的基本需求
企求穿越回歸真我的旅程

費解的顯然

動作、神經可塑性與健康的結合

THE ELUSIVE

The Convergence of Movement, Neuroplasticity and Health

OBVIOUS

Moshé Feldenkrais

摩謝・費登奎斯 著

易之新 譯

目次

推薦序1　心靈、身體和大腦的整全自我／Alan Questel　007
推薦序2　溫柔慈愛地認識自己／呂旭亞　012
譯　　序　歡迎走進費登奎斯身心實驗室／易之新　015
英文版序　自由、選擇和意識覺察／Norman Doidge　023
自　　序　　038
致 讀 者　　041

第 一 章　**簡介**　　043
　　　　　Introduction

第 二 章　**有機體**　　057
　　　　　The Organism

第 三 章　**論學習**　　073
　　　　　On Learning

第 四 章　**姿勢的生物面**　　085
　　　　　Biological Aspects of Posture

CONTENTS

第五章　焦慮的身體模式
The Body Pattern of Anxiety ………… 103

第六章　奇妙的大腦
A Second Look ………… 121

第七章　主觀真實與客觀真實
Subjective and Objective Reality ………… 129

第八章　動中覺察
Awareness Through Movement ………… 141

第九章　功能整合
Functional Integration ………… 177

第十章　費解的顯然
The Obvious is Elusive ………… 203

第十一章　總而言之
In a Nutshell ………… 213

附錄一／中文參考書目與資料　　217
附錄二／英文參考書目　　219

【推薦序 1】心靈、身體和大腦的整全自我

在短暫的人生中碰到真正的天才,是一種不凡的體驗。我有幸於 1983 年在美國麻州阿默斯特市參與了費登奎斯博士(Dr. Moshé Feldenkrais)的培訓課程,當時他已到開辦專業培訓課程的尾聲。費登奎斯是一位非凡的思想家,充滿文藝復興的精神。他的工作內容整合了科學、藝術、哲學和人類的生活經驗,許多洞見遠超於他身處的時代。直至今日,我們才在現代對心靈、身體和大腦整全自我的認知中完全理解他的貢獻。

本書按線性方式展開,而費登奎斯方法則不然。費登奎斯方法是充滿生命力的動態過程,是透過經驗學習,而非閱讀操作手冊。在《費解的顯然:動作、神經可塑性與健康的結合》中,費登奎斯闡明了他畢生奉獻的理論基礎。他開發費登奎斯方法的時代,並沒有相應的詞彙能解釋這些理論。但現在,神經可塑性的領域為我們提供了一個理解的框架:舊有的方式將身心分開看待,而本書則是透過動作(movement)、覺察和學習來觀看整全的自我(the whole self)。

位格(The Personal)

在我接受費登奎斯訓練的過程中,有一件事一直讓我印象深

刻。費登奎斯說：「如果不是位格智慧生命的存在顯現，那就不值一提。」這是費登奎斯方法的基本理念之一。也就是說，這本書是關於讀者個人智慧生命的位格。

他以獨特的方式談論「位格」這個概念。在本書第 38 頁，他寫道：「我相信你暗中想要的，其實並不是一廂情願的白日夢，而是我們都能以自己想要的方式來生活。」

每位讀者都能從這些話中受益。細細思量我們的心願、相信願望能夠實現，對我們的生活來說相當重要。

在閱讀這本書時，我建議讀者反思這些理論對自己個人來說具有什麼意義。這將幫助理解本書內容，引導讀者深入了解如何將理論應用於生活之中。

費登奎斯的解釋可能很複雜，甚至有些難懂。請不要放棄。隨著閱讀的深入，書中的例子和解釋會愈來愈容易理解。

序言、簡介和每一章逐步展讀，其內容充滿了許多新鮮廣闊的觀點和理論，一口氣讀完恐怕無法消化。建議讀者不要一口氣讀完本書，而是分段閱讀。

整全的人（The Whole Person）

費登奎斯方法的核心思想是，人類是整全的個體，不僅只是由身體各個部分組成的集合體，不需要拆開來分析。費登奎斯對我們自我形象的定義是：自我形象由我們思考、感受、感知和在做動作的方式所構成，這些都是整體的經驗。我們的思維、

知覺、情感和動作是緊密相連的。這些功能作為一個整體系統運作，所有部分總是在互動、影響並形塑其他部分。

費登奎斯對整全的人和每個人獨特性的概念在第四章88頁中表達得非常清楚。書中談到一位女性因疼痛求醫，但無法診斷出原因：「我想指出的重點在於，她求助的每一個人都只治療困擾她的那一部分，沒有把她當成一整個人來對待。」

這個例子很恰如其分地說明費登奎斯方法如何對待整全的人並與之互動。

將抽象具體化

費登奎斯方法將動作納入我們的自我意象（self-image），這個觀點非常新穎，也是費登奎斯方法的關鍵。動作是我們認識自己的途徑。

理解我們動作方式可以幫助我們領會費登奎斯的想法是多麼天才、他是如何將抽象的概念具體化。他能夠將觀念以行動的方式表現出來，使人以感官的方式去接收、感受、理解，並採取行動。

這與我們的行為與自我認知的具體理解有關，在第五章119頁有簡單的表述：「如果你知道自己正在做『什麼』，甚至知道更重要的，你在行動中『如何』運用自己，就有能力用你想要的方式做事。」

認識自己,是一個選擇

有人曾請費登奎斯用一句話來描述他的工作,而他的答案是:「認識自己」。這句富有深意的話出現在本書開頭第38頁:「我相信人可以為自己做的最重要的事,就是認識自己。」

他的工作重心除了關注個人經驗、整全的人概念,並致力於將抽象概念具體化之外,「認識自己」也是費登奎斯方法的關鍵之一。

透過認識自己,我們才能發展自我,並引領我們有選擇的能力。

在第三章80頁,他談到選擇:「我認為,如果學習能允許結構與其功能的運作得到進一步的成長,就可以引導我對已知如何做的事,得到全新而不同的做事方式。這種學習會增進我更自由選擇的能力。如果只有單一的行動方式,就表示我的選擇只局限於行動或不行動。」

本文先前提到,這本書的重點是個人的,關乎你的。這種對選擇的理解會如何影響你個人的生活呢?

如何使用這本書

本文中我分享了《費解的顯然》中一些寶貴的見解,希望足以引起讀者的興趣。其他的寶藏就留給讀者發掘。相信我,本書絕對值得細讀。

對我來說，費登奎斯的所有著作都值得反覆閱讀，隨著時光荏苒，一遍又一遍。新的想法和理解會不斷浮現，四十年後再讀，我仍然獲得許多新的啓發。

希望讀者在閱讀本書的過程中，能夠理解費登奎斯方法背後思想的邏輯。更希望本書能鼓勵讀者接觸費登奎斯方法的實務工作者，體驗「動中覺察」和「功能整合」。理論和實踐的結合，將讓你更了解自己，甚至超出你的想像。

（陳乃賢譯）

艾倫・奎斯特爾（Alan Questel）
費登奎斯方法訓練師、師資培訓及教育總監
2025 年於美國新墨西哥州聖塔菲市

【推薦序2】溫柔慈愛地認識自己

　　本書是身體心理學裡一個重要的派別「費登奎斯方法」的創始人摩謝・費登奎斯在過世前三年所寫的一本小書，雖是一本入門書，卻也是費登奎斯對自己所發展的身心工作做了概念上清晰的整理。這書出版於1981年，距今已有三十五年，這其間的生物醫學對人類大腦與神經系統的研究突飛猛進，已遠遠超過費登奎斯的年代，可是這經典之作仍深具價值，特別是他所發展的工作中的哲學內涵。

　　費登奎斯不將自己視為治療師，他認為自己是老師，教導人一種新的學習方法，藉著徒手工作和個人練習，建立新的大腦與神經的連結，以此開啟身體的智慧。我們俗稱的「潛能開發」，在他的理論脈絡裡有了身體神經學上的基礎。我們的大腦與神經系統，在成長過程與環境互動的經驗中，發展出許多固定的身體習慣，這些大腦與神經系統的既定連結如果被破壞了，就會影響身體功能。費登奎斯的目標，是要開發那些還沒有被使用的大腦與神經系統，建立新的連結，進而恢復受損的身體功能。

　　費登奎斯認為他所發展的工作方法，並不局限於復原身體功能，他更大的企圖是藉著這個工作，讓人發展出一個全新的自我意象，這也是我認為這本書最精彩的部分。我們熟知的學習經驗是向外尋找成功者為典範，努力往此目標靠近。而費登奎斯提出

了一個另類的學習概念,這個概念的核心精神是引導人找到自己最舒適的方式,做自己最喜歡的事。他說:「我不爲人治療,也不提供療法,甚至不是教導人。我向他們說故事,因爲我相信學習是身爲人類最重要的事。學習應該是愉快、奇妙的經驗。」讓人以愉悅的身體經驗爲學習的基礎,以身體成爲探索的場域和導師,注意力從外轉爲內的覺察。這樣一種極度尊重個人歷程的身體工作,以極其緩慢而溫柔的方式,發展自我的覺察,並以這樣的覺知做爲指引,發展自我。藉著身體的覺知而展開對自身全新的看待,是他在身體心理學中極大的貢獻。

東方文化裡有許多極其精湛深奧的身心修行方法,更有許多訓練身體的技法,可是他們全都是人本心理學家舒茲(William Schutz)所謂的「上師導向」的學習,不只是有上師提出的近乎真理式的標準,更有極端權威的教導,在東方身心靈的傳統裡,極力頌揚師父的高妙,理想化、神奇化上師,讓徒弟可以放下自我的個人尊嚴,進入全面臣服的學習狀態。這樣上對下的上師式學習遍布東方靈修的傳統裡,而東方的身體工作也無一例外與這樣的靈性傳統結合,使得東方傳統的身體工作,老師所提供的身體、動作範本,即是理想的身體、動作,必要以流汗苦撐,堅苦卓絕,方可成就。

費登奎斯的「動中覺察」的哲學翻轉了學習的主體。他說:「做你喜歡的事,就是正確的。我在這裡不是要告訴你該做什麼事,只是向你表示,你應該知道自己在做什麼。」對他而言最舒適、最喜歡的事就是對的、正確的事。這與我們習以爲常、相

信專家、相信上師，以外在的標準為依歸的學習方式迥異。我從小就深愛戶外，喜歡身體的活動，但卻痛恨體育課。在課堂上，我是一個反應慢、手腳不靈活的孩子，跑步殿後，玩躲避球最先被打到，投籃永遠不中。有些人只要老師示範一次，立刻上手，而我是屬於那一群，永遠無法控制肌肉、準確複印標準動作的笨學生，學習的挫折使得身體的笨拙感深刻地烙印在對自己的影像中。費登奎斯的身體學習理論對我這樣的學生真是福音，他說：「你在人生的任何時間都可以重新設定，只要你相信你的身體系統並不是固定不變、無法自主的；若是無法改變，也只是你相信如此罷了。」

他認為學習必須是愉快的，也必須是輕鬆的，要以自己的速度學習。學習應以「緩慢的方式學習」，慢到可以觀察、發現自己的學習速度，不要因為自己的雄心壯志、渴望成功的焦慮或與他人競爭的好勝而改變自己學習的節奏。他甚至認為我們不用避免錯誤，因為「如果一開始就排除看似錯誤的可能性，很可能也讓學習變得索然無味。」不要逃避犯錯，而是把錯誤當成不同的選項，讓人可以擁有不同的選擇，這是費登奎斯由「動中覺察」衍生的人生哲學：一個有選擇的自由。

這本書倡導的哲理歷經時代的變遷仍閃閃發亮。無論讀者是否經驗過費登奎斯如此溫柔待人對己的工作方法，這本書都值得一讀。

呂旭亞

諮商心理師、榮格心理分析師

【譯序】歡迎走進費登奎斯身心實驗室

　　費登奎斯方法（Feldenkrais method）是身心學（Somatics）的重要學派。創始人摩謝・費登奎斯因為自身膝蓋受傷的痛苦無法得到當時醫療的有效協助，而潛心研究自己的動作過程，發展出獨創的方法，不但幫助自己恢復功能，也幫助許多身心痛苦的人，並促進很多人的潛能得以更有效地發揮。

　　摩謝一生出版了五本關於費登奎斯方法的書籍，第一本是《身體與成熟的行為》（Body and Mature Behavior），於1949年出版，他當時講述的對象是科學界的人士，所以引證許多科學研究，內容非常硬，很不易讀，但也是非常重要的一本書。從中可以看見他在那個年代對身心的科學觀點就已隱然符合最近一、二十年才逐漸被重視的神經可塑性（neuroplasticity）觀念。他也在那段期間開始嘗試把他認為重要的身心觀念轉成實際可用的身心探索方法，也就是日後的費登奎斯方法。

　　同一時期，他也寫了另一本書：《成為有能的自己》（The Potent Self，中文舊版書名是《從身態改變心態》），講述的對象是一般大眾，談的是此方法非常核心的觀念：人的「自發性」與「強迫性」，深入探索人性背後的情緒機轉。由於他覺得內容過於挑戰當時社會的觀念，無助於推廣他的方法，所以沒有出版，直到晚年，他的方法已受到廣泛的接受，才在朋友的催促下重新

整理、出版,希望有助於大家對他的方法有更深入的認識。

他的工作方法分為兩種取向,一種是以口語進行的團體課程:「動中覺察」,意為透過動作來覺察;另一種是一對一透過觸碰、互動的個別教學:「功能整合」。摩謝在1970年代,開始到世界各地教學,陸續出了兩本與實務有關的書。1972年的《動中覺察》(Awareness Through Movement)以介紹他的團體取向為主,內容有很具體的十二堂基礎課程。此書近二十年前的中譯版將書名誤譯為《從動中覺醒》,2017年由心靈工坊重新翻譯、出版。

1977年出版的《身體覺察做為療癒的方法:諾拉的實例》(Body Awareness as Healing Therapy: The Case of Nora)則以實際的案例,向大家說明他如何為一個有其當前症狀與生活背景的獨特之人,構思、進行可以幫助她改善功能的個人工作,也就是所謂的「功能整合」。

《費解的顯然》是他在1981年七十七歲時,由於接受專業師資訓練的人數大幅成長,為眾弟子出版的最後一本書。全書結構與《身體與成熟的行為》非常相似,可說是該書的「現代口語版」。我認為是最適合初學者的第一本入門書籍。

他於八十歲過世的同一年,弟子出版了一本他的五日工作坊實錄《移動的大師》(The Master Moves),中譯版書名譯為《大師之舞》;二十多年後,他的弟子集結他的短文與訪談,又出版了第七本專書《身體的智慧》(Embodied Wisdom)。

《費解的顯然》這本書從內容的結構來看,介紹了費登奎斯

方法的理論與實務,第一章用他親身經歷的故事做一番簡明的介紹後,從第二章到第七章談到許多重要的觀念,比如有機體存在的條件,大型系統的運作,有機學習中結構與功能的關係,從動態平衡的角度來看姿勢,焦慮的身體模式,大腦的學習,乃至於什麼是所謂的「真實」。這些觀念是費登奎斯在發展其方法的過程中,研究物理學、心理學、生理學、解剖學、神經科學、兒童發展、學習理論等等與身心有關的專業時,思考、探究、整合而得的觀念。此書就像《身體與成熟的行為》一樣,談到許多科學研究,但改以較輕鬆、有趣的方式來介紹。

第八、九兩章則介紹他如何把這些觀念化為實際的應用:「動中覺察」與「功能整合」。這兩章的實務介紹,對學習費登奎斯方法的專業追求者可說是無價的珍寶,但對一般大眾而言,卻不盡然。第八章的「動中覺察」實際示範了一堂課程,但這堂課並不是基礎的課程,譯者推測可能是他在《動中覺察》一書已介紹了許多較基礎的課程,所以在本書提出較困難的課程,並強調其特殊的效果與經驗。請讀者務必秉持「在過程中漸進探索」而非「急於達到結果」的態度,以輕柔緩慢、不躁進下一步驟的方式練習,細細品味每一步驟中的身心變化與可能性,否則身體是有可能受傷的。

第九章的「功能整合」說明他如何把抽象的理論轉成實際的工作方法,並介紹一些一對一工作時的實際操作手法,很有助於讀者了解其應用的理路。但對於沒有正式接受費登奎斯方法訓練的人而言,勉強模仿這些方法的操作,或將之應用於他人身上,

都很可能成為挫折感的來源,或是對此方法產生誤解。所以我要鄭重建議對「功能整合」有興趣的朋友,最好能找合格或受訓中的費登奎斯老師,親自體驗一番,甚至能有進一步的討論。

第十章則是本書的總結,闡述身心的探索中,看似顯然的東西為何如此費解,而費解的東西又如何成為顯然。第十一章則概略介紹這個方法發展的前景。

若是從書寫的形式來看,這本書則像一位具有原創性與整合能力的大師與你談話的感覺。他毫不藏私地向你透露他的思考理路,也讓你看見他擁有的龐大知識背景,而這些思考與知識帶出的結論往往會衝擊到我們平常視為理所當然的觀念。

他有時會採取非常抽象或理論性的角度來探討,幫助我們從各種可能的角度來觀看,然後又像變魔術似地,向我們顯示出這些觀念在日常生活中的具體意涵。他有時也會在充分的證據中推論出具有說服力的觀點,然後又從另一個角度反駁這個觀點,有時更會做出一些證據不見得充分的推論,等著你與他辯駁一番。

他的態度並不是要提出一些讓人遵行的定論或不得改變的真理,而是邀請人一起觀察身心現象,一起思考與實驗,一起體驗如何讓人的潛能不再只是抽象的美好觀念,而是可以實現、成形、發展的親身經驗。他強調的是思考、學習、探索、體驗、實證的過程,所以有人說他的方式像蘇格拉底式的對話,重點不在於得到某種固定的結論或確切的真理,而是「認識自己」(know thyself)。所以費登奎斯曾說:「如果你對我說的話照單全收,那麼,你並沒有學到我教的東西。」

他相信每一個人的獨特性都可以透過這種對過程的探索而得到美好的發展，他也在工作中實踐這個信念。所以第八章的「動中覺察」課程中，他告訴大家：「一旦你熟悉了動作、力道、形式和方向的複雜變化後，就開始形成你自己的筆跡，絕不會和其他任何人的筆跡一模一樣。」即使是看似統一引導的團體課程，他也強調每個人的獨特性，並非要大家做出一模一樣的動作。

我自己在教學時，很喜歡「實驗」的比喻，以自己的身心做為實驗場所，以細膩的觀察與覺察做為實驗方法，以開放、好奇、不急於用既有觀念解釋的態度進行實驗，進而認識更多的自己，讓自己的特質、潛能得到自然的發揮，邁向愈益健康的身心境界。

摩謝原本的專業背景是物理學家，他也確實是在自己身上進行各種身心實驗，而發展出他的方法。他的觀念雖然超越當時的時代，但他並不因此而感到寂寞，因為他發展出具體的方法，讓這些觀念化為可以經驗的事實，讓人能親自體會或看見。

希望本書的譯成中文，有助於有興趣的讀者得到較具體的參考，但也請大家務必體認這種探索方法需要親身經驗。文字的說明就像地圖，只能略窺實際經驗之一二，無法盡述奧妙的身心歷程。

為了翻譯本書，讓我有機會對原本覺得感動不已的書，能一遍又一遍地細讀，慢慢體會一層又一層的深意。這次能如期譯完此書，要感謝許多人的協助，特別是四十多年前直接受教於摩謝‧費登奎斯的美國資深培訓老師 Paul Rubin 先生，還有與我一

起在舊金山接受專業師資訓練的英文老師 Mary L. Romine 女士，他們都熱心地花許多時間陪我了解費登奎斯的談話風格，並澄清許多觀念。即使如此，我仍不敢說本書譯文已臻完美，歡迎讀者討論或指正。

易之新

我要感謝文字工程師艾莉森・唐斯（Allison Downs），
如果沒有她銳利而深入的理解，本書與《諾拉的實例》
（*The Case of Nora*）一書就不會是現在的樣貌。
此外，她還為全書打字，
只有一輩子的好朋友，才會願意為我做這件事。

醫療免責聲明：本書的資訊只是提供概括的資訊，讀者在採取書中的任何建議之前都應該洽詢自己的健康照護專業人士。讀者對於書中資訊的運用都要謹慎並為自己負起完全的責任。

【英文版序】自由、選擇和意識覺察

有些書名一目瞭然,一看就知道是什麼內容,比如達爾文的《物種源起》;有些書名卻引人聯想,要隨著閱讀過程才顯示出意義為何,比如奧立佛‧薩克斯的《錯把太太當帽子的人》。摩謝‧費登奎斯博士的《費解的顯然》顯然屬於後者「引人聯想」的類別。

摩謝‧費登奎斯接受的是工程學、數學和物理學的訓練,他有重視線性思考與思路清晰的這一面,但也有想讓聽眾或讀者為自己找出方法的另一面,這是其工作的核心,費登奎斯的助人取向是設立情境讓人發現自己需要什麼,而不是告訴他們要做什麼。就如他在本書中所說的:「我自己不喜歡別人幫我消化。」

很公平;但不論是否已消化,人往往想知道自己吃的是什麼,所以容我說說我認為這本書在談什麼,以及它的重要性,並說明為什麼我不是費登奎斯老師,卻被邀請來寫這篇序言。

本書優美的書名指出日常生活中的一個矛盾,這個矛盾起於我們的習慣與平時進行日常事務與常規的潛意識方式。隨著我們重複這些活動,會愈來愈熟悉它們,相關的一切對我們很快就看似清楚顯然。我們愈常做這些事,它們就變得更熟悉與自動化(也就是沒有被全然意識到),很快地,我們就更不會注意或了解它們。這對我們會造成問題,因為大部分人認為我們愈常做某

件事,就會愈了解它,但《費解的顯然》認為如果我們做事不帶著覺察,對自己最常做的事,很容易變得最不了解。就此而言,費登奎斯預測到最近引起大眾興趣的「正念」生活,不過他有獨一無二的特定貢獻,就是提出「覺察」在動作與行動中的角色,以此幫助人破除壞習慣。

《費解的顯然》探討許多創新的方法,都是費登奎斯發展出來以幫助人打破這個重要的矛盾,找到出路,跳脫許多壞習慣與進行日常活動時有問題的方式。他的取向聚焦在動作、學習、情緒與人類發展之間的關係,任何對這個取向有興趣的人,都會發現這本書非常重要。費登奎斯讓大家看見,許多功能的限制其實是習慣和學習造成的。他在七十多歲寫出《費解的顯然》,目的是以條理分明、清楚詳細的方式說明自己的理論觀點。事實上,《費解的顯然》詳述費登奎斯成熟的認識,讓人了解如何改善學習的情境,以得到最大的改變,並說明如何用他的觀點來減少人的限制、困難與考驗。然而,這本書並不是教科書,而是費登奎斯最引人入勝的書,書中的語調有如談話,主軸是矛盾(我們最不了解的正是我們做最多的事)的探索,並囊括費登奎斯許多其他出色的洞見,也顯示他如何為各種大腦問題開發出非凡的處理方法。

我在 1990 年代初期開始接觸費登奎斯方法,當時是為了我選擇的職業需要久坐(還能有什麼別的原因呢?)引發的生物力學問題而尋求協助。費登奎斯的課程有兩種,一種是在團體課中覺察自己的動作,稱為「動中覺察」,另一種是一對一的個別

課,稱為「功能整合」。兩種方式都會透過非常輕柔細緻的動作引導個案,這些動作是設計來激發心智覺察與神經系統。我在個別課的過程中聽到老師談及這個取向可以幫助中風的病人、有特殊需求的小孩,比如腦傷、腦性麻痺,以及其他嚴重的問題。身為醫師,我知道這種說法遠遠超出主流醫學所認為的可能範圍,但因為我當場看見課程影響了我的神經系統,加上我的老師瑪莉安・哈利斯(Marion Harris,曾親身接受費登斯的培訓)看起來是完全沒有誇大傾向的人,我開始感到好奇,於是找出費登奎斯的書來閱讀。

讀到某個程度時(特別是因為閱讀本書),我領悟到費登奎斯幫助人改善大腦問題的能力在於他比許多同輩提早數十年就理解了大腦的神經可塑性,他知道如何巧妙地運用這種理解,透過心智經驗與身體動作,以非侵入的方式影響大腦,這正是我主要的興趣。於是我展開「解密」費登奎斯著作的任務,想要找出應該從哪裡開始、如何以清晰有效的方式,向沒有學過這個方法的人解釋他的工作。我也想確認費登奎斯的工作是否符合當代的大腦知識,並學習他曾教導的大腦知識,以及如何運用這些知識。

關於身心功能運作的力量與原則,摩謝・費登奎斯很可能對相關知識具有某些最重要的貢獻。身心關係是西方稱為「全人」或「整合」或「輔助」或「功能」醫學的核心。雖然費登奎斯發展出來的方法可以改善功能運作與表現,減輕症狀與疼痛,有時甚至可以徹底矯正主流醫學無法矯正的狀況,但他強調自己並不是進行「醫療」,甚至不是「教學」,他解釋自己是創造出各種

情境,讓學生可以運用自己提升的覺察力來發現如何以更好的方式運用受損的功能,甚至有可能產生療癒。

這種可能性是因為費登奎斯知道神經系統遠比大部分人以為的更有彈性,他發現如果學習改善覺察力,了解自己如何移動,竟然可以改變動作和行動相關的神經迴路。這不只能幫助人增進日常的功能運作,也有助於改變大腦的結構與功能。他發展這個方法時,還得到許多額外的寶貴發現,比如要如何快速安定神經系統,讓它做好準備,可以學習新事物,並協助它去除某些主要是出於潛意識的習慣。最引人注目的可能是費登奎斯透過他的方法,學會如何恢復兒童時期或甚至出生前因為各種大腦問題而中斷的正常發展過程。

費登奎斯最初接受的訓練是強調精確的數學與工程學,然後取得索邦大學的物理學(機械工程)博士,並成為法國諾貝爾獎得主弗雷德里克與伊雷娜‧約里奧-居里夫婦(Frédéric and Irène Joliot-Curie)實驗室的重要成員。

費登奎斯年輕時曾有嚴重的膝傷,無法從當時的醫藥或手術得到改善,於是轉而研究是否能應用自身的知識來幫助自己。除了正式的學術訓練,他也是歐洲最早的柔道大師之一,並寫出近身搏鬥的書,被好幾個國家用來訓練軍人。他知道東方對身心功能運作的洞見,也了解在情況緊急時(比如搏鬥),心靈可以多麼有效地影響身體。

不被大腦的機器隱喻愚弄的物理學家

費登奎斯在他第一本談到生物學的書《身體與成熟的行為：焦慮、性、重力與學習的研究》，就根據一本論證神經系統一生都在成長與改變的小型科學期刊，為他的模式立下基礎。他引用心理學家卡爾‧拉什利（Karl Lashley）與其他人的實驗，認為大腦有可塑性，大腦中的細胞有能力形成新的連結與路徑，而這種學習可以促使某些神經路徑有更佳的運作。這很有意義，因為費登奎斯寫作的時間比大多數接受成人大腦有可能改變的生物學家和神經科學家足足早了五十年，這個觀點談的就是我們今天稱為神經可塑性的功能。

我把神經可塑性定義為大腦透過心智經驗與活動而能改變其結構與功能的性質，這個觀點直到二十一世紀初期才廣被接受。加拿大心理學家唐納‧赫布（Donald Hebb）也在同一年（1949）推測大腦有可能是可塑的（佛洛伊德在 1890 年代也有這種猜測！）但都只是假設。大部分神經科醫師和神經科學家相信成人的神經系統一生都是固定不變的，他們認為大腦會製造心智經驗，但當然不會被心智經驗改變。

我認為費登奎斯能在這個領域具有重要的臨床洞見，並不是因為某種「奇怪的想法」，而是出於精明的判斷。也許是因為他身為核子物理學家，接觸的是完全以「理性」科學操作的機器，一旦轉向生物學，很快就了解大腦的主流隱喻——視之為「像電子儀器般不會改變」——是錯誤的。相對於神經學家所說的方

式，費登奎斯卻不斷被大腦在一生中會不斷成長與改變的觀點所吸引。

費登奎斯也拒絕接受那個時代的神經學家很常有的定位理論。「定位學說」在當時是關於大腦的主流觀點，認為每一項心智功能都由大腦的單一部位負責處理。由於科學家和臨床醫師都不相信大腦有任何可塑性，定位學家就想當然耳認為如果某個部位受損，就無法恢復喪失的功能。這種以「機械觀」思考生物系統的方式可以回溯到伽利略和牛頓發現的「運動和物理學機械定律」，那些定律非常實用，以至於科學家也想拿來描述生物學中活生生的系統，這導致科學家以機械用語描述身體，好像身體就是機器。如果是明喻，例如心臟有如幫浦，可以是種有用的比喻，但做為隱喻，比如大腦是電腦，卻會造成重大的誤解。由於費登奎斯知道物理學已遠遠超越這些早期的機械論，所以了解把初期的物理學應用到意識是幼稚的。身為生物學的初學者，他最有興趣的似乎在於了解生命本身的自發性。當他轉向生物學時，並沒有用機器來模擬身體，而是著重於生物學的核心概念，比如成長、發展和演化。費登奎斯知道什麼時候要像物理學家一樣思考，更重要的是也知道什麼時候不要。

費解的顯然與神經可塑性

閱讀《費解的顯然》時，讀者會覺得就像是與費登奎斯本人談話。一頁又一頁，費登奎斯談到他對各種主題的看法，不時會

穿插一些耀眼的片段,比如他與人類學家瑪格麗特‧米德之間的交談,偶爾會出現一些自由聯想,但總會繞回他主要的興趣:習慣、我們如何學習,以及如何有更好或更滿意的行動方式。費登奎斯在《費解的顯然》這本書清楚談到他對大腦可塑性的認識對他發現如何幫助人有多麼大的影響,並呈現出他的方法所根據的堅實科學基礎。就我所知,他寫的其他書並沒有談得這麼清楚。

雖然費登奎斯至少在 1949 年就已瞭解可塑性,但我強烈懷疑他會在 1981 年的書加以說明並再次強調他對此的關注,是因為在 1977 年,有一位接受師資培訓的學生艾琳‧巴赫 -y- 瑞塔把丈夫保羅‧巴赫 -y- 瑞塔醫師(本書第 186 頁有談到他)介紹給費登奎斯認識。保羅‧巴赫 -y- 瑞塔是神經科醫師,也是復健的專家、重要的神經科學家,是研究人類大腦可塑性最早期也最勇敢無畏的科學先驅。他在 1960 年代就已發表深入探討的文章,證明從出生到死亡的過程中,感覺經驗都可以重設大腦,並發明應用大腦可塑性的方法幫助大腦受損和眼盲的人。(事實上,他有許多計畫要研究改善頭部外傷的方法與效果,可惜未能完成計畫就不幸過世。)

費登奎斯在《費解的顯然》清楚談到他對大腦可塑性的認識,他寫道「心智會逐漸發展,開始設定大腦的功能運作。我看待身與心的方式牽涉到很細緻的方法,這個方法讓整個人的結構『重新設定』,而得到整合良好的功能,也就是有能力去做這個人想做的事。每個人都可以選擇以特殊的方式設定自己」(第 71 頁)。「神經組織會使自己有條有理」以梳理經驗(第

69-70頁),他還大膽主張「你在人生的任何時間都可以重新設定⋯⋯」(第174頁)。費登奎斯知道人的一生都有可塑性,他認為大腦會因為經驗而不斷改變結構,這個觀點再清楚不過了。

若說他是神經可塑性的「早期採納者」,可能還太輕描淡寫了。1981年還只有勉強超過一百篇的科學研究報告對大腦使用「可塑性」這個字眼,而且只有少數報告證明其臨床實用性,但費登奎斯在《費解的顯然》出版時就已有應用神經可塑性三十年的經驗!

習慣與具有神經可塑性的大腦

生活經驗透過我們的心智經驗(包括感官、想法、行動的經驗,甚至包括想像)會重新設定大腦,同時激發的神經元會連結起來。當你看到戴黃帽子的男人,處理男人、帽子和黃色的神經元都會立刻激發,並連結起來形成迴路,而改變你的大腦。如果重複某個心智經驗,其迴路中的神經元會連結得更緊密,而有更快速的激發,產生更強的訊號,那個迴路在大腦就比很少使用的迴路更具有競爭優勢。

但變化可能產生更好或更壞的影響,而使大腦結構產生較壞影響的變化一旦露出缺陷,並不像壞觀念一樣可以輕易拋棄,這是因為習慣會製造出不同的大腦結構,而有問題的迴路仍然比其他迴路更具競爭優勢。如果我發展出某個壞習慣,比如從古柯鹼得到愉悅感,那個迴路會在大腦(和大腦的獎勵系統)被強烈設

定,發出快速、強大、有效的訊號。所以它不只是壞習慣,也是非常難擺脫的習慣。

「壞習慣」並不都是從想著「我不會上癮」而嘗試古柯鹼之類的壞決定開始的。有些習慣一開始是為了「適應」,只是後來變成不具適應力,《費解的顯然》著重於探討這個第二類別的「壞習慣」。

他以學習閱讀為例。大部分人學習閱讀時會發出聲音,也就是唸出每一個字,通常會有愉悅的韻律,有如簡單的詩句,而不只是散文。比如「傑克和吉安,一起爬小山」(Jack and Jill/Went up the hill)這類的故事,聽到聲音會有愉快的感覺,也比較容易記住韻律,進而學會這些字。但我們遲早會被要求安靜地閱讀,這時大部分人仍會「默唸」每一個字,在腦中聽見聲音。隨著我們讀愈多書,默唸會被強化,成為習慣。如果作者對聲音有很好的品味,或我們是閱讀詩句,默唸可以讓閱讀更為豐富,但默唸也會讓看書的速度接近發聲讀出內容時的速度。相反地,速讀家不論是沒有發展出默唸的習慣,或是學習放掉這個習慣,可以只看字句就知道意義,而以很快的速度看書(不過很難達到他們宣稱的速度)。由於默唸而降低看書速度就是一開始具有適應效果,但在新的情境下卻成為限制且浪費精力的實例。

我稱之為「習慣的轉移」,以這個創新的用語總結費登奎斯的一個重要主題:原本具有適應力的習慣,可以從某種活動或動作或行為或甚至是心智活動,轉移到另一種之中。這發生在潛意識,且在整個人生都很常見。比如從早到晚坐著彎腰弓背前傾打

電腦,走路時也會駝背前傾。

當然了,習慣的轉移不只會影響姿勢,也會影響各種活動的進行方式,甚至會影響我們關於自己身體的觀念。比如亞歷山大(F. M. Alexander,費登奎斯很欣賞他的工作)有幾項有趣的觀察,我以自己的方式簡述他的一項觀點,請想像下述情形:我們在孩提時常被告知「坐下」(sit down),結果可能學會這種觀點(這是心智的習慣),認為靠近椅子要坐時,我們的能量該做的就是垮入椅子,但如果把椅子當成支持的力量會更好,所以我們可以「坐上去」(sit up),讓我們的心與內臟有更多空間。「坐下」牽涉到的習慣轉移是把我們往下的姿態應用到坐姿,就像費登奎斯在這本書談到的,一般認為言語只是說出來的思想,這種信念會造成各種誤解與混淆,因為我們會習慣性認為兩者是相似的,但其實思想和言語之間有很大的不同。

費登奎斯的主要目標之一就是幫助人了解自己什麼時候在進行習慣的轉移,以及**如何**進行,好讓他們能找出方法,可以自發地進行每一個新的活動,不會被過去的習慣、學習、強迫性、態度、過多的費力或無用的「寄生動作」所妨礙。

費登奎斯對習慣的處理會如此重要的原因之一,就是他提供了一種「打破習慣」的取向,完全不同於行為心理學家提出的主流取向。主流的行為主義聚焦在刺激與反應,忽略心智(或意識的覺察)在習慣的發展與破除所扮演的角色,費登奎斯沒有忽略。

主流行為學家處理習慣的取向並不關注心理或大腦**發展**對

習慣的形成所扮演的角色，其目標被簡化成：排除所有不易測量的心理因素，比如心智狀態，只研究可觀察的行為，以及一連串的刺激與反應。行為學家這麼做的立場是把心靈和主觀的覺察排除在心理學之外，即使根據定義，心理學是心靈的研究（心靈之道）。同時，他們也把大腦排除在外。

雖然費登奎斯了解行為學家的許多發現非常重要，但他沒有因此忽略大腦或心智的功能，他沒有簡便行事而在觀察與研究時排除明顯的人類特質，費登奎斯從一開始就具有更全面的觀點。

費登奎斯和行為學家還有一項重要的差異，就是兩種取向的目的不同。約翰・華生（John B. Watson）是最知名的行為學家之一，他在著作《行為主義》中自豪地宣稱：「行為主義心理學的責任就是能預測和控制人類的活動。」費登奎斯並不想控制別人的行為，對預測別人的行為也沒有特別的興趣。他在《費解的顯然》談到的是自由選擇，以及自由選擇發生在何處：思想。他沒有設計重複刺激的程序來「打破」壞習慣，反之，他的關鍵主題是：當我們已發展出有問題的動作或行事方式，許多最好的結果都是來自做事時隨機的嘗試，並沒有預見正向的結果，也就是無法事先預測。人會克服壞習慣並不只是用較好的習慣取代（良好的行為學派取向有時是有效的，比如休息時間用慢跑代替抽菸），更常見的是覺察到更好的行事方式，可以有更好的感覺、更輕鬆不費力。這種處理習慣的取向是透過對自身行動的內省與覺察，來增進個人的自由，並不是以控制行為當作目標的取向。

費登奎斯在此做出非常重要的區別，他認為大腦有些部分是

已設定好無法改變的，但有些不是。

大腦已設定好的部分是我們與生俱來無法改變的反射，這些反射是出於所有祖先都必須面對的常見處境而有的反應，比如遇到危險動物時戰或逃的反應，或是跌倒時抓緊東西和重新調整姿勢的反應，或是面對新環境時如何識別方向的反應。這些都是我們這個族類每一個成員在出生時就已內建好的，這些反射動作就是族群一代又一代的發展過程（種系發生學）會傳遞的知識，例如，新生兒不需要訓練，跌倒時就有調整姿勢的反射動作，以最安全的方式著地。反射動作帶有先天的「知識」，知道跌倒是危險的。費登奎斯把這種天生的知識稱為「先天演化出來的學習」（第69頁）。這種反射動作是相對較無法改變的，在人與人之間或是同一個人在不同年紀時，都沒有什麼不同。（我說「相對」是因為人可以訓練到某個程度，學習在面對特定誘發因素時壓抑這些反射動作。）

可塑性很高且不是先天設定好的學習類型是每個人在一生的過程中得到的，會根據個人獨特的經驗形成人與人之間的差異。費登奎斯在另一本書寫道：「智人的神經組織有很大一部分還沒有建立模式與連結，所以每一個體都會根據自己的出生地組織大腦，以符合環境的需求。」（《身體覺察做為療癒的方法》第六十三頁）他說明這種學習類型發生在個體發展的過程（個體發生學），要有很大的未被設定的大腦皮質才有這種可能。（我們現在知道，不只是大腦皮質，而是整個大腦大部分都沒有被先天設定。）

這些區別非常重要。過去有許多思想學派認為心智是白板，有無限的可塑性，其他學派則認為大腦中的一切都是先天設定好的，完全沒有可塑性。雖然費登奎斯沒有直接這樣說，但我認為當他做出這些區別時，就能對人類可塑性的範圍，以及可塑性會如何影響我們的成長與習慣，發展出很精細的取向。

《費解的顯然》清楚展現出費登奎斯對神經系統有什麼深入的假設，與我的觀點非常一致。他說明他的取向根據的是對一項事實的理解，亦即**神經系統的關鍵角色，就是在充滿混亂的世界中建立秩序**（第 62 頁）。我會說（雖然他沒有這麼說）這也必然意味著我們的神經系統具有可塑性，就像肌肉一樣，會根據用進廢退的原則運作，因此其實是需要遇到一些混亂的。它需要經歷隨機的感官和動作，如此才能學習去做自己的工作，也就是從混亂中得到秩序，為世界和我們許多不同的身體區域、動作和感官建立地圖。我們需要有新奇的經驗，並面對無法預料的事件與動作，以建立分化的大腦地圖。當有了高度分化的大腦地圖，由於發展的驅力（這是基於先天的知識），我們就能自發地得到新的能力。這正是費登奎斯所建議的，他也建議用這個取向來跳脫壞習慣。

相較於標準的行為學派取向對習慣的形成與破除的態度，費登奎斯提供一種徹底不同的心態，他的貢獻是再怎麼強調也不為過的。費登奎斯的洞見並沒有否定行為學派的洞見與取向，但確實有助於我們界定兩者適用的範圍，並給我們更豐富、更寬廣的視野來看待自己。

最後我想根據我的觀察談談這兩種取向背後各自有什麼第一原則，以及這些原則對兩種取向有什麼影響。行為學家的取向始於對人類的決定論機械觀，認為消除壞習慣與自動作用（讓人覺得無法控制、強迫、機械化、已決定好而不自由）的最好方法就是機械化的治療，處方就是對刺激產生預先決定好的適當反應，以製造更好的習慣。因此治療就是以嶄新而更好的自動機制來取代原有的自動機制。

　　相反地，費登奎斯強調我們有自由、選擇和意識覺察的能力，想要以自由的選擇來改變習慣。他藉由找出各種不同的表現方式，以增進放鬆、自發、學習、不費力、優雅、成長與活力，想要完全脫離自動機制。

　　未來更全面的心理學會協助我們更了解，什麼時候該運用經典的行為學派取向，什麼時候更適合運用以覺察為基礎的取向，因為兩者都有效，只是適用於不同的情境。了解這一點是非常重要的，因為當我們陷在習慣的常軌時，多少是盲目而不知不覺自動化的。但這到底是因為我們是機器，還是因為我們常常有點恍神而不夠專注呢？沒有覺察時，我們會開始像機器般運作，無法在應該停機時關掉，但我們並沒有因為這樣而成為機器。真正的機器不會知道或想到自己是機器，重要的是意識與自我覺察。我們現在至少可以同意這一點是顯然的嗎？

諾曼・多吉醫師（Norman Doidge, M.D.）
2018 年於加拿大多倫多

參考書目

Doidge, N. *The Brain's Way of Healing: Remarkable Discoveries and Recoveries from the Frontiers of Neuroplasticity.* New York: Penguin Books, 2016.

Feldenkrais, M. *Body and Mature Behavior: A Study of Anxiety, Sex, Gravitation, and Learning.* (1949). Berkeley, CA: Frog, 2005.

自序

　　你對你的姿勢感到滿意嗎？對你的呼吸感到滿意嗎？對你的人生感到滿意嗎？我的意思是，你是否覺得你已把與生俱來的天賦做出最好的發揮？你是否已學會去做自己想做的事，並知道如何去做？你有慢性疼痛嗎？你是否遺憾沒能去做你原本喜歡的事？

　　我相信你暗中想要的，其實並不是一廂情願的白日夢，而是我們都能以自己想要的方式來生活。最主要的障礙就是無知：包括科學上的無知、個人的無知，與文化的無知。如果我們不知道自己到底在做什麼，就不可能去做我們想要的事。

　　我花了將近四十年，先學習認識自己在做什麼、如何去做，然後教導別人學習如何學習，好讓他們可以充分發揮自己的能力。我相信人可以為自己做的最重要的事，就是認識自己。人要如何認識自己呢？就是要學習行事為人不是出於必須，而是如其所是。然而我們很難分辨什麼是我們覺得必須去做的事，什麼是我們自己想做的事。

　　各個世代中，大部分人都在性成熟的時候就停止成長，他們在那時被視為成人，也自認是成人。成人以後的學習，大部分都是社會認為重要的東西，而個人的演變與成長則大多是出於偶然或僥倖。我們多半是因為機緣湊巧而學習一種專業，並不是出於

個人天生特質的持續發展與成長。只有具有藝術傾向的人，不論是工匠、音樂家、畫家、雕塑家、演員、舞者或某些科學家，才會在專業和社交成長之外，也持續在個人層面成長。其他人的成長主要在專業和社會層面，但在情緒和感官層面仍像青少年或嬰兒，運動功能的發展也因此停滯，姿勢愈益不良，逐漸不再做某些動作，首先是跳躍，然後是翻滾，接下來是扭轉，不論順序為何，都受到嚴重的忽略或將之排除，以至於不久就再也無法做這些動作了。

學藝術的人會透過藝術持續改善動作技巧，使之愈來愈分化、多樣化，直到老年。他們會持續成長，逐漸得到符合其意向的表現。各行各業顯然都有藝術家，可惜比例不高。

閱讀本書或可幫助你走上更快樂的道路、更屬於你個體性的方向，而不是平常被別人設定好的光明大道。本書無意矯正你什麼，你我的困擾就在於我們都試圖有正確的表現，好像必須如此，代價卻是在自己的同意下壓抑了我們的個體性，結果不知道自己想要什麼，以至於相信我們所做的就是我們真正想要的事；更有甚者，原本惱人的現狀竟然會對我們愈來愈有吸引力，甚於我們真正想要的事。

有一個明確的解決方法，就是不去注意我們所做的內容，而是注意我們如何去做。「如何做」是個體性的特徵，它探究的是行動的過程。如果我們觀察自己如何做各種事情，就可能發現可以有不同的做事方式，也就是擁有一些選擇的自由。因為，如果沒有替換的方式，我們就完全沒有選擇。我們或可欺騙自己，

認為是選擇了一種獨特的做事方式,但如果沒有其他選擇的可能性,其實就是出於強迫性。

若想要透過一本書(或任何東西)來看見你如何可以得到協助,其實並不容易。想法常常是令人興奮的,但要透過文字把想法傳遞出去,則很困難。語言並不等於思想,雖然有時看似如此。無論如何,讓我們嘗試看看。我喜歡你們與我同行,希望你們也喜歡我的陪伴。

這是我關於這個主題的第四本英文書籍。我是應彼得・梅爾(Peter Mayer)的邀請,以及學生的需要,把四年暑期的教學濃縮成這本書,他們在這四年的教學結束後畢業,並在舊金山成立費登奎斯協會。本書的內容大部分不見於先前出版的書。材料是新的,只有作者變老了。

摩謝・費登奎斯
於台拉維夫,納赫曼尼街 49 號

致讀者

《費解的顯然》探討的是日常生活中的觀念，這些簡單而根本的觀念因爲習慣而變得費解。「時間就是金錢」在商業或工作中顯然是良好的態度，但在愛情中就完全不是那麼回事了，同樣的態度反而會成爲不快樂的原因。我們常常犯錯，把某些心態從這個活動帶入另一個不適用的活動，而使生活走樣。

浪漫顯然是好事，浪漫的愛情很迷人，但如果一方滿腦子想的是錢，另一方很浪漫，就沒那麼好了。他們早晚會走進心理諮商室或法院。

許多有問題的關係是出於不愼把看似良好的思考習慣帶到不適用之處。我們總是以爲好習慣就永遠是好的，甚至覺得不需要考慮以不同的方式來表現。然而好習慣可以使我們不快樂，這件事並不那麼顯然，而是費解的事實。習慣性地缺少選擇的自由，往往會造成悲慘的結果。

如果你遇見某種對你顯然是新的東西，至少在形式上是新的東西，請停下來一會兒，往裡面看一看。面對新的選擇，可以幫助我們成長，更爲強壯、更有智慧。

主編告訴我，我應該避免要求讀者思考、向內看，我相信她知道一般讀者喜歡什麼。我自己不喜歡別人幫我消化，但爲了讀

者的方便，我在每一章的頭尾分別加上一段簡介與摘要，以幫助你消化，好讓你更容易對費解的東西覺得比較顯然。

chapter 1

第 一 章

簡介

INTRODUCTION

我因為「功能整合」和「動中覺察」的良好效果而知名。我在這兩種技巧中，運用所學的一切來改善求助者的健康、心情、克服困難的能力、疼痛與焦慮。

我在二十幾歲時踢足球，當左後衛，傷到左膝，非常嚴重，好幾個月都無法好好走路。那個年代的膝蓋手術不像現在這麼容易。我因為學習如何讓當時受傷的膝蓋發揮功能，體認到需要其他方法的急迫性。[1] 我們的知識毫無疑問在未來會進步，但如果有好的理論，現在的知識大多就可以產生效益，而且是可以應用的。

我試著只寫出讓你了解我的技巧**如何**運用的部分，刻意避免回答關於**為什麼**的問題。比如我知道如何生活、如何使用電力，但如果我嘗試回答我為什麼活著、為什麼有電的問題，就會遇到大麻煩。人際事務中，為什麼和如何的問題可能沒有那麼鮮明的分際，而會不加以區分地使用，但在科學中，我們真的只知道如何去做。

我出生於俄國小鎮巴拉諾維茲（Baranovitz），十四歲時，英國發表貝爾福宣言（Balfour Declaration）[2]，於是我憑一己之力抵達英國管轄的巴勒斯坦領地，以拓荒者的身分在那裡工作了數年，大部分是勞力工作。二十三歲進入大學修習數學，然後在

---

[1] 譯註：當時的外科醫生告訴費登奎斯，手術的成功機率是百分之五十，另外百分之五十的結果是殘廢，於是費登奎斯拒絕手術。

[2] 譯註：1917 年十一月二日，當時的英國外相貝爾福發表宣言，表示「贊成在巴勒斯坦為猶太人建立民族國家」。

土地測量局工作五年,運用數學製作地圖,存夠錢後,就到巴黎修習電機工程學位,進而到索邦大學修習博士學位,在那裡加入弗雷德里克・約里奧－居里(Frederic Joliot-Curie)[3]的實驗室,他後來得到諾貝爾獎。我在同一段時間認識了柔道創始人嘉納大師(Professor Kano),他和他的弟子杉村陽太郎(Yotaro Sugimura,日本大使,六段)與川石(Kawaishi)協助我取得柔道黑帶。我建立了法國第一個柔道會館,現在已有將近一百萬會員。第二次世界大戰時,德國入侵法國,我逃到英國,在英國海軍科技部門的反潛艦單位從事科學研究,直到戰爭結束。我還加入倫敦的武道會,最後回到以色列,成為以色列國防部電子科的第一任主管。

我大約在五十歲左右完成《身體與成熟的行為》一書,這本書最初是 1949 年由英國的勞特利奇與凱根保羅(Routledge and Kegan Paul)公司[4]出版,我因此遇到許多人認為我具有某種超凡的知識,可以幫助他們。那本書闡述當時最新的科學知識,這些知識帶領我形成日後的實務工作。書中談到我對焦慮和墜落的觀點,以及第八對顱神經前庭分支的重要性,現在這些觀念幾乎都得到普遍的接受。

基於別人的需要,我逐漸發展出「功能整合」與「動中覺察」,隨後到世界各地十幾個國家教學。我在助人和教學的過程

---

3 譯註:著名的居里夫人的女婿,1935 年因發現人工放射線獲得諾貝爾化學獎。
4 譯註:當時最知名的人文與社會科學出版社。

中,有機會透過觸摸和移動,檢視許多人的身體。他們有形形色色的背景,包括許多不同的種族、文化、宗教和各種年齡,最年幼的是五週大的小寶寶,他的頸部在出生時因產鉗而受傷,年紀最大的是一位九十七歲的加拿大人,他因為電擊而癱瘓了三十幾年。

我也處理過各行各業的許多人,這些細節並不重要,重要的是讓大家知道我的方法的實際效果。我仍然持續學習、閱讀,即使忙於各種責任和旅行,每個月仍會精讀好幾本書。我要向你們推薦一些作者,他們是無價之寶:賈克‧莫諾(Jacques Monod)、薛丁格(Schrödinger)、楊恩(J. Z. Young)、康拉德‧勞倫茲(Konrad Lorentz)、米爾頓‧艾瑞克森(Milton Erickson)。他們都談到哲學、語意學和演化,並展現出他們對身心世界的洞見與知識,不但具有啟發性,也很有趣。

我用雙手碰觸過數千人,不論他們是白種人、黃種人、黑種人或任何人種。對活生生人體的這種碰觸、處理、操作,讓我得以深入了解這些一流作者的著作,把他們教導的科學觀念轉成實務。他們可能不知道自己的知識被轉譯成以雙手的非語言方式表達的「功能整合」,以及透過語言表達的「動中覺察」時,是多麼有用。

我認為感覺的刺激比意識的理解更接近我們的潛意識、下意識或自動的功能運作,我相信自己是正確的。感覺層面的溝通更直接碰觸潛意識,因此也比口語層面的溝通更有效,也比較不會被扭曲。正如常言所說,語言會隱藏我們的意圖,甚於表達我們

的意圖。然而我還不曾遇到任何人或動物無法分辨友善的碰觸與惡意的碰觸。如果是不友善的碰觸，即使只是思想不友善，也會讓被碰觸的人緊繃、焦慮，預期會發生最壞的事，因而不接受你的碰觸。

兩個人（碰觸者與被碰觸者）透過碰觸會成為一種新的整體：兩個身體被兩隻手連結起來時，會成為一個新的實體。這雙手在引導的同時也在感覺，即使被碰觸與碰觸人的雙方不了解也不知道做了什麼，仍會透過連結的雙手感受到彼此的感覺。被碰觸的人覺察到碰觸者感受到的東西，不需要理智上的了解，他的身體形態就會產生變化，與他感覺到對方所想要的一致。當我碰觸人時，並不想從對方得到什麼，不論他是否知道，我只會感覺到被碰觸者的需要，而我那時能做的就是讓這個人覺得更好。

讀者必須了解我所說的「更好」、「更有人的尊嚴」是什麼意思。這些表面上很單純的字眼對不同的人並不代表相同的意義。身體殘障的人無法做的事，對他和對健康的人會有不同的意義。一位十三歲的男孩被媽媽帶來找我，他出生時右手臂先出來，而不是一般狀況下的頭先出來，他運氣不好，遇上經驗不足的醫師抓住他伸出的手臂，把他拉出來，結果右鎖骨斷裂，骨折對那個年紀的小孩不是大問題，但嚴重的是傷到臂神經叢，即使媽媽帶他去看了所有可能幫助他的專家，他的手臂仍然軟弱無力地下垂。我稍後會告訴你們，他如何學會開車、成為一群子女的父親，以及機械學教授。

這位男孩來見我時，淚流滿面地告訴我一件你們永遠猜不

到的事，我當時也非常驚訝：他抱怨學校裡沒有人打過他，即使他一再挑釁也沒有用，不論他做什麼，同學都不會碰他，因為老師和家長都警告大家不可以傷害他。他的不幸是不曾有過被人毆打的樂趣。現在，請大家想一想，對這位男孩而言，什麼是「更好」和「更有人的尊嚴」。他的母親不知道他需要什麼，沒有任何人知道。當我碰觸他時，他覺得與我成為一體，他感覺到我知道他是不幸的，而且我不是在可憐他，在那個時刻，他願意告訴我原本不可能對任何人訴說的事。我並沒有問他任何事，這是一種非口語表達的情境。發生了什麼事，讓他願意流淚，並告訴我呢？

一位罹患腦性麻痺的十五歲女孩被人從巴黎帶來找我，她的母親是中學校長，無法離開，所以由父親帶她過來，祖母陪她留在台拉維夫。她也讓我驚訝，因為她想成為舞者；她從來就無法把腳跟平放到地板上，也無法彎曲膝蓋，每走一步，雙膝就會互相碰撞。如果你曾見過嚴重的腦性麻痺患者，或許可以想像她的手臂、脊椎和步態是什麼樣子。任何有常識的人都無法相信她怎麼這麼不了解自己的狀況，竟然有這種想法，但我的工作就是幫助她成為她想成為的人；她做到了，幾年後加入巴黎一間舞蹈學校。我希望你們想一想，對這位女孩而言，什麼是「更好」和「更有人的尊嚴」。她是聰明的女孩，成績在班上保持頂尖，直到進入大學。我承諾下次到巴黎時會去看她。

我希望你不要太快下結論，以為我只關心殘障人士。對我而言，他們都只是為了想要更好、更有人的尊嚴而來尋求協助的

人。許多醫生、演員、樂團指揮、運動員、工程師、精神科醫師、建築師、家庭主婦，所有你能想到的人，都覺得如果能有某種方法可以變得更好、更有人的尊嚴，是很好的事。

事實上，如果一般人有尋求協助的智慧，我會為他們付出全部的注意力。他們的成長會讓整體生活都有所不同。我剛開始用這種方法幫助人時，接觸到許多傑出的人，比如融合普世文化的伯納教授（J. D. Bernal）、身為醫學教授與世界衛生組織首任主席的博伊德－奧爾爵士（Lord Boyd-Orr）[5]、魏茲曼科學中心（Weitzman Institute）的負責人艾倫・卡茲爾教授（Aharon Katzir），以及以色列建國者大衛・班－古里昂（David Ben-Gurion），他們都是著名、成功而融入社會的傑出人士。當時的英國國會祕書長克羅瑟爾（J. G. Crowther）聽到伯納稱讚我的工作時，驚呼：「全世界可能只有三個人的腦袋像他一樣，你很難再遇到這樣的人了。」我的經驗顯示，社會上成功、重要、非常聰明而有創意的人，可能不會花時間在個人的成長，他們的整個生活就是工作，太常忽略自己，這種人只有在身體狀況很不好的時候，才會認真聽我的話。即使如此，到目前為止，已有數千人因為自己的不幸而來找我。我透過照顧殘障人士而學會如何幫助一般人，這種情形實在很悲哀。所幸這只是概括的情形，並非總是如此。

我向你分享自己的想法與經驗，與你親自了解這些東西，

---

[5] 譯註：此人是 1949 年諾貝爾和平獎得主，與世界衛生組織並無關係。

是同樣重要的。因為它們會幫助你改善生活經驗，就像幫助我一樣。你可以學會讓你的生活成為你更想要的樣子；你的夢想會變得更明確，甚至可能更容易成真。

　　寫作時，我只會覺察到自己身體的一部分，以及我的某些活動。你在閱讀時也同樣只覺察到自己的一部分，以及一部分的活動。你我身上進行著大量的活動，遠超過我們能意識到與體會到的部分。這種活動與我們從受孕到此刻的一生所學都有關係。我們的行動大部分是依據我們的遺傳、人生的經歷，並依據我們形成的自我意象，以及我們成長過程到現在生活其中的物質、文化和社會環境。使我寫作和使你閱讀的內在活動大部分是自動發生的，有些可說是潛意識的，有些是有意向的。寫作時，我意識中的意向活動似乎是唯一讓我關注的活動，我只需要偶爾注意拼字的正確性或文字的流暢度。我覺得我在選擇恰當的文字來表達我的想法，但同樣的文字可以具有各種略微不同的意義，我想要表達得非常清楚，然而我不確定我選擇的字眼是否適合你；你對「自動的」、「潛意識」或「意識」的理解不一定與我想表達的意思相同。

　　多年來，我全心幫助向我尋求協助的人，與他們一起工作。有些人抱怨身體的疼痛，有些人是心靈的苦痛，甚至也有人談到情緒的困擾。我不知道如何向跟隨我的人解釋我其實不是治療師，雖然有些人透過我的碰觸得到改善，但我的手對人的碰觸並沒有治療或療癒的價值，我認為他們身上發生的經驗是「學習」，但很少有人同意這一點。我做的事與當前所以為的教學是

不同的,我的重點在於學習的歷程,而不是教學的技巧。

我的學生在每一堂課之後會有心曠神怡的新鮮感:他們覺得變高、變輕,呼吸更自由。他們常常會揉揉眼睛,好像從一覺好眠醒來,得到更新的感覺。他們多半會說自己變得放鬆了,疼痛減輕了,甚至常常完全消除。此外,臉上的皺紋幾乎都會消失,眼睛變得又大又亮,聲音低沉而渾厚,好像又變年輕了。

僅僅是碰觸另一個人的身體,不論是多麼巧妙的碰觸,如何能產生心情和態度上的這種變化?我的學生嘗試說服我相信我的碰觸具有療癒作用。若是如此,我在以色列、美國和其他國家都教導學生做我所做的事,那麼他們現在全都有了「療癒之手」。他們不是精挑細選出來的學生,不論他們的教育背景是什麼,只要願意學,就可以當我的學生。開始時,我為了向學生解釋我和個案之間發生什麼事(為了不讓你困惑,我勉強用「個案」這個字眼。他們其實比較像是一對一教學的學生),會告訴他們如下的故事。

請想像有一位不曾跳過舞的男子,基於他自己才知道的原因來參加舞會,他總是說自己不會跳舞而拒絕所有邀請,不過,有位女子相當喜歡他,努力說服他走入舞池,她舞動時多少也帶著他舞動。舞步並不複雜,經過一些尷尬的時刻後,他的耳朵感覺到音樂和舞步有某種關聯,他開始意識到她的動作是有節奏的。然而,音樂停止時,他仍感到解脫,終於可以回到座位喘一口氣。舞會結束時,他發現自己已能跟隨她的動作,腳步也比較輕鬆,甚至能避免不小心踩到她的腳。他想了一下,覺得自己也許

表現得並不很差，不過他仍認為自己不會跳舞。

第二次參加舞會時，他的進步足以動搖自己不會跳舞的信念。再下一次舞會，他看到一位女子像他一樣獨自坐著，便邀請她跳舞，但仍聲明自己跳得不好。自此以後，他跳舞時就忘了要在起舞前先致歉。

請想一想那位會跳舞的女子，以及她如何教學生或個案跳舞，卻沒有教導音樂的節奏、舞步和所有其他東西。她的友善態度和她的經驗讓他在非正式教學的情形下學習。這種碰觸不需要具有療癒的效果，就可以讓某種知識從一個人傳遞到另一個人。不過，這位男子必須先學過如何使用自己的雙腳、雙手和身體的其餘部分，然後友善的接觸才能幫助他運用自己已有的能力，如此輕易地學習跳舞。儘管他不知道自己的潛在能力，仍然可以學習。

我說我幫助人或與人一起工作時，意思是我與他們「共舞」。我引發一種狀態，讓他們在其中學習，卻不需要由我來教他們，就像那位女子教別人跳舞一樣。我們稍後會更詳細地看見，一般說來，我們會做許多事，卻沒有意識到自己是如何去做。我們會說話，卻不知道自己如何說話；我們會吞嚥，也不知道自己是如何做到的。請試著向火星人解釋我們如何吞嚥，你就會了解我說的「知道」是什麼意思。

有些非常常見的日常行為，比如坐下或起身，似乎比較容易知道，可是，從坐姿起身時，你真的知道自己在做什麼嗎？身體的哪一個部位在發動這個動作呢？是骨盆、雙腿或頭呢？我們會

先收縮腹部的肌肉還是背部的伸肌呢?我們想做就可以做出這個動作,卻不知道自己是如何做到的。你認爲我們眞的不需要知道嗎?假設有人因爲某個原因無法起身(可能的原因不是只有表面可見的理由),而請求你的協助,你可以向他顯示你能起身,但他也只能知道這麼多,你可以做到,卻無法解釋如何做到。假設你需要解釋,好讓我們能確定可以在不知道如何做某件事時,仍能做得像我們潛在的能力所能做的程度,你要怎麼去解釋呢?

我們做的各種單純的動作,大部分當然都良好到符合我們的需求,即使如此,每一個人仍會覺得某些動作做得還沒有好到我們想要的程度。我們通常會安排自己的生活,儘量去做我們滿意的部分,避開自己覺得不擅長的動作。我們會認定自己不擅長的活動是天生就不適合我們的,或是無趣的,而我們通常還有更重要的事要做。

我早年的生活沒有畫畫的經驗,因爲那個年代的學校沒有繪畫課,學生必須爲積極且對社會有用的生活做準備。我的書《身體與成熟的行爲》在第二次世界大戰後出版時,我並不知道這本書會把我的未來改變到新的方向。一天早上,一位倫敦的醫生打電話給我,說他讀了我的書,並問我是否曾受教於韓瑞赫・雅科比(Heinrich Jacoby),因爲他在我的書中看到這位偉大的老師教導的東西。他不敢相信我是第一次聽到這個名字,於是提議安排我和韓瑞赫・雅科比見面,他認爲這對雙方都有好處。韓瑞赫・雅科比當時住在蘇黎世,不但年紀比我大很多,資歷也比我深厚。當我得知我以爲是自己發現的東西,竟然就是他多年來

對一群包括科學家、醫生、藝術家之流的傑出弟子所教導的內容時，我當然想見他。

我當時是做研究的物理學家，幾個月後，我用年休離開實驗室，在雅科比為我排定的日期去見他。我很樂意告訴你我和他共處的三週發生的事，以及我們的所有對話和互相的教學，這表示我們常常在太陽升起之後才就寢。但如果我寫下我從他學到，以及他認為從我學到的所有重要的事，這本書就會太厚了。不過，我要告訴你，他指導我畫畫時，我首次感受到的強烈無比的經驗，因為與我現在要談的這種學習有關。

我是知名的運動員，體格健壯。雅科比是瘦小虛弱的人，到七歲才開始學走路，他有點駝背，但動作優雅。即使如此，我對他的第一印象是這個人不是我的對手。我雖然相信拜訪他是正確的，但我的意識背後有這種感覺。

他花了幾分鐘向我解釋，他會錄下我的聲音、拍下我的身影，接著就給我一張圖畫紙、碳筆，還有一片軟麵包當橡皮擦，然後要我盡我所能畫出鋼琴上的檯燈。我告訴他，我除了以前為工程學位而必須製圖之外，不曾畫過任何東西。那是我在索邦大學修習物理之前的事，後來才得以進入約里奧–居里的實驗室，並取得博士學位。他回答他知道這些事，但我仍應該嘗試一下，因為他不只是要看我畫圖，而是有別的想法。於是我畫了一個垂直的圓柱體，頂端是截短的圓錐形，底座是橢圓形，代表燈座。我認為我最多就只能畫出這樣的檯燈。他看著這張圖，說這是關於檯燈的想法，並不是檯燈，我才明白我畫的是檯燈的抽象

概念。然而我仍反駁說他期待我做的是畫家才會做的事,而我從一開始就說過自己不是畫家。

他堅持我應該再嘗試一次,只畫我看到的,而不是畫我認為我看到的。我實在不知道如何畫出自己看到的東西,我認為(也許你也這麼認為)他要我當畫家,但我不是畫家。他問:「你看到什麼?」我說:「檯燈。」「你在檯燈上有看見你剛才畫的那些外形嗎?」我不得不承認我的畫中找不到真實檯燈裡的任何一根線條,只有它的比例或多或少是按照我眼前的檯燈而畫的。「你有看見線條嗎?」我不得不再次承認畫中的線條沒有一根是真實所見的。「當你觀看這盞燈時,如果沒有看見線條,那麼你看見什麼?整體說來,你的雙眼看見什麼?眼睛會看見光與影,那為什麼不畫你看見的較亮與較暗的斑塊?你手上有碳筆,如果畫得太濃,可以用麵包擦掉多餘的碳粉,得到不同明暗的斑塊,就會更像你看見的樣子。」

我拿起另一張紙,開始在沒有光的地方塗上暗色的斑塊,然後開始明白紙上沒有用碳筆畫過的地方是最亮的部位,檯燈不是圓柱體,頂端的燈罩不是截短的圓椎形,底部也不是橢圓形。當我看著碳粉和手中的麵包擦掉的地方形成的組合,湧出許多特別的感受。這不是我的圖畫,而是我以為只有畫家才能畫的圖畫。我以前甚至不曾嘗試用那種方式思考,因為我覺得好像在欺騙別人,假裝我是自己所不是的人。

我相信你開始了解我身上發生的驚人轉變。我不是畫家,但什麼人才是畫家呢?當我去做畫家做的事,得到只有畫家才能做

到的結果，我被改變了嗎？我失去自我了嗎？我當時並沒有真的去思考這些，但我在雅科比的詢問下發生的改變，讓我產生不安全感。他並沒有向我示範如何去做。還記得跳舞的人和他女友的故事嗎？你能看見這兩種完全不同情境下的學習，有任何共通之處嗎？我能。

我離開雅科比，回到臥房，看見桌上有一瓶半滿的水罐，感覺到一種內在的挑戰，不，是內在的確信，催促我在紙上畫出水罐。我也孩子氣地想到可以向雅科比展示我其實不像表面上那麼無能。我完全沒有畫任何線條，而是用輕巧的筆觸勾勒，其餘部分則是一團團明亮與陰暗的斑塊。完成後，可以看到水面，水中閃動的光與玻璃上的光是完全不同的，雖然兩者都是透明的。我覺得完成了大師之作，並相信自己至少長高了十五公分。

結果顯示當畫家的能耐是沒有極限的。我必須花很大的力氣，才能忍住不告訴你，我與雅科比共舞的那幾個星期，如何成為真正的畫家，而他不曾教我或向我示範如何繪畫。他挖苦我說，為什麼不在畫圖時跟隨自己的教導呢！

chapter 2

第 二 章

有機體

THE ORGANISM

某些普遍因素會影響生命的存在,這些因素與二十億年前形成的第一個活細胞有關。第一個活細胞需要保護,以避開形成它也很容易就殺掉它的輻射。形狀、表面張力、表面／容積比、地心引力、內在的歷程、外在的變化與影響,一直以來都像今日一樣活躍。活的細胞和任何生命的邊界會一直在內在與外在生活之間調節,就像他們在起源時一樣。本章要討論一些關係到生命存在的普遍因素。

一群細胞的集合並不是組織,就好像一群神經元的集合不是大腦,一堆磚塊並不是建築物。字典的所有條目只是一堆字,有些字在一起也許會形成句子。一些相同的粒子或單元一起作用,會產生更高階層的東西,也就是會出現任何單元獨立時所沒有的新性質。許多單元進行共通的活動或承受相同的壓力時,就會達到這種較高的階層。細胞的集合體可能變成肝臟;一堆磚塊一起作用,成為承載重量的結構時,可能成為建築物。細胞以群組的方式連結,會形成所有哺乳動物都有的類似器官。各種器官進而組成比器官更高階層的有機體。細菌、藻類和所有其他生命體都有三種共通的活動:(1)繁殖自己(self-reproduction),(2)供養自己(self-maintenance),(3)保存自己(self-preservation)。繁殖顯然是最不急迫的,但呼吸和飲食對生命具有較大的急迫性,而若無法保存自己,可能表示隨時會失去生命。植物和動物中都可以觀察到這三種現象,差別在於

植物生命以被動的方式來處理這些事情。如果沒有風、雨、昆蟲、動物的皮毛和各種其他傳播者與活躍的因素,植物就會無法繁殖而在地球上消失。另一方面,各種動物會以(4)推進自己(self-propulsion)來主動維持這三種不可或缺的條件,推進自己也是引導自己(self-direction),於是動作就成為動物生命最重要的線索。

第一件具有環繞四周的薄膜而使自己與其餘世界分開的物質,就具有外形或形狀,而成為最早的個體。擁有薄膜的小宇宙可以確保吸入更多物質,以提供推進自己所需的能量,並排出不具能量的物質,也移除代謝產生的毒物與死去的粒子。每一個活物都有邊界,讓自己與其餘世界分開。邊界裡的內容具有結構,可以運作以確保生命的自我推進,亦即其活動。功能停止時,只剩外形與結構:生命於為死亡。動作的停止就是生命本身的結束。

生命不只在開始時是複雜的,也有朝向更複雜的情形演變的傾向,複雜性對生命的延續似乎是必要的性質。每一種動物都有其推進自己的方法,這是維持另外三種讓生命存在下去的必要特質所必須的,複雜性就在其中。結構與功能是相互依存的,兩者都與環境密切相關。如果沒有適當波長的光,就不會有眼睛,也沒有觀看的功能;有些電磁波的振動在人類視力範圍之上和之下。此外,光的強度會變化,物體有小有大、有近有遠。這些因素伴隨著區分各種顏色與濃淡的能力,可以稍微說明視力成形與眼睛外形的複雜性。

所有動物在脫離母體進入外在世界之前，都有胚胎期的生命。胚胎期生命成長的結構以原始的方式運作，所在的環境比外在世界更為單純，也較少變化。顯然只有某些依序發展的形式才會讓兩個細胞變成哺乳動物，甚至是人。我心中最先浮現的字眼就是「控制」：控制能確保其結構與形狀有這種依序的發展，並逐漸提升其功能。隨著物種的複雜性逐漸增加，會形成一種特殊結構，以確保有機體必要的控制。神經組織的突觸、樹突與各種轉運站都是為這個目的而運作。（它就是「目的」嗎？）

生物學的控制就像模控學（cybernetics）的控制一樣，只有在具備優先的功能運作方式時，才是必要的。在動物中，優先的狀態或方式就是最佳狀態。任何偏離最佳狀態的情形都會被矯正。所有階層，包括細胞、循環、結構與功能的階層，會有成千上萬的偏離情形，所以控制也有階級結構。

一般說來，控制與階級都必須去除附帶的情緒。舉例來說，有機體踩到香蕉皮而滑跤時，大腦最高控制階層處理的是意向行為與動作，對滑跤的反應太慢，不足以防止跌倒，就要讓某種較古老的部分來接管。較原始與演化上較古老的部分會有比較快的反應，且具有較短的傳導路徑。重要的不是控制和階級，而是條理分明的分工合作，以確保個體最佳的生存。

階級與控制的成長，組成階級與控制的神經組織的成長，以及整個有機體的成長（包括骨骼、肌肉和內臟），都牽涉到對環境的反應，對環境的適應，進而操縱環境。為了在成長中得到最佳功能，進步的方向必然會不斷改變。這種複雜的歷程會處理錯

誤,且持續下去,沒有要達成任何明確的目標。這是一種學習的歷程,完全不同於學校的正式學術教育:它關心的基本上是「如何」做,而不是做「什麼」。詳細探討這些事情是十分重要、不可或缺的。

這個歷程過於複雜,本質上就注定無法完成。一般狀況下,很難找到完美的結構、外形和功能。不良的動作、退化和不完全的發展都是可預期的。這種普遍性的原則讓正常個體無法自己得到最佳的發展,但有可能透過協助而達到。

神經系統的細胞數量可說是天文數字(3×10^{10}),適合在變化極大的物理世界生存與運作。許多太空人的經驗顯示,我們的神經系統甚至能承受無重力、缺乏視覺與聽覺刺激的環境。它足以啟動任何活動,只要此活動的信號發生得夠密集,讓系統可以運作。我相信我們的神經系統可以在成千上萬不同的可能世界中運作良好。只要生命可以存在,就會自己成長與適應,在任何狀況中運作。事實上,我們的神經系統被「設定」成可以輕易適應世上存在的數千種語言和方言中的任一種。

我們對自己太熟悉了,以至於無法意識到上述的情形。神經系統的運作是指什麼意思?神經突觸和細胞有什麼特殊之處,讓它們的存在成為每一個原始或複雜的生命形式所必須的呢?它們是生命能存在所不可或缺的嗎?

宇宙(希臘文的字義為秩序)並不是非常有秩序,只有日夜和月相變化之類的少數情形才是井然有序的。我不確定較簡單的神經系統是否能意識到這些面向中的秩序。流星的墜落是極度

隨機而無秩序的。恆星的形成與分解方式其實並不符合秩序的概念。顯微鏡下的另一端同樣是隨機而缺乏秩序的。沒有人能預測鐳或任何放射性物質的哪一個原子會分解。物質世界的任一領域，氣體、液體或任選一物，在分子或原子的層面，沒有一件事是可預期的、有秩序的、穩定不變的。風、太陽、地震或颱風都不是以有秩序的方式存在。

神經結構確實會尋找秩序，在任何有秩序的地方，它就會找出秩序，沒有秩序的地方，就製造出秩序。只有非常複雜的神經組合（大部分生物的神經結構都包含非常大量的單元）才需要穩定一致的環境。原始的神經系統不會打網球，也不會擺盪到九公尺外的樹枝上。原始的系統比較緩慢，也較不依賴穩定不變的條理。所有生物在成年之前都比較矮小、柔弱，成熟所需的時間或長或短。柔弱的有機體需要比較穩定不變的世界，才能學習並長成強壯的有機體。有機體本身就是許多微小生命組成的世界，需要穩定、秩序、不變、恆定，才能生存。

只有大腦才能思考、抽象、做夢、回憶等等，這已是大家都知道的事了。隨機發生、不斷變化的刺激會透過感官進入神經系統，但神經系統會把秩序引進其中。此外，活的有機體本身會不斷移動，神經系統必須把快速變動的世界與自身移動產生的變化加以整理，以理解這種快速運轉造成的混亂。如果沒有一件事會重複，我們要如何學習？

要實行這項艱鉅的任務，最出乎意料之外的方法就是動作。生命有機體的動作是在變動不居的環境中形成穩定、重複的事件

所不可或缺的；由於生命有機體自己會移動，在死去之前不會完全靜止不動，所以我們看見無生命的物質和不會移動的植物時，我們的感官仍會接收到移動的印象。

伊利諾大學生物電腦實驗室的漢茲・馮・弗爾斯特（Heinz Von Foerster）教授抱持類似的觀念，他在舊金山對我和我的學生談到下述故事：

> 亨利・龐加萊（Henri Poincaré）在1887年出版一篇文章，解釋三維空間的物體在視網膜形成的影像只有二維，而視網膜形成的影像也和空間中的物體不一樣。失落的第三維能被我們感知，是出於兩眼的會聚與調節功能，這其實是一種肌肉的感覺。方向的感知則牽涉到頭的動作。

頭的動作需要眼睛的調適。固定不動的頭與雙眼無法感知三維的立體圖畫。於是我開始閱讀龐加萊的書《科學與假說》（*Science and Hypothesis*），是多佛（Dover）圖書公司出版的英文版。他指出我們對空間的知覺，以及我們會選擇使用歐幾里得幾何學，都牽涉到動作。這本書很精采，具有原創而嶄新的觀念，是天才的思維，到今日仍值得一讀。

我忍不住想到另一個顯示出龐加萊智慧的例子。那個年代，大腦生理學的研究大部分都是去除一塊大腦，然後觀察受影響的功能，依此在大腦中為那個功能定位。龐加萊認為這個方法不夠

科學，並懷疑其結論。他的論據是每當有人失去右眼時，雙眼形成的三維視力就會受影響，但如果推論三維功能的位置在右眼的話，就大錯特錯了。

如果我沒記錯的話，瑞士有位名叫科勒（Kohler）的滑雪教練，他說服學生一起進行一項實驗。他想知道如果我們的大腦看見的外在世界和視網膜的影像一模一樣，而不是像原本存在的樣子時，會發生什麼情形。大家都知道，眼球的水晶體就像任何其他鏡片一樣，會使視網膜上的影像倒置。直立的人形在視網膜中是頭在底部而雙腳在頂端的。

科勒先生讓所有參與者戴上會讓視網膜影像反轉的眼鏡。一開始就如預期的，大家看到的一切都是上下顛倒的，前幾個小時很難熬，他們無法自由移動，做任何事都要放慢速度，並試圖搞懂自己看到的是什麼東西。接下來發生出乎意料之外的事，身體上以及非常接近身體的每一件東西開始看起來像以前一樣，但碰觸不到的東西仍是上下顛倒的。隨著他們為了滿足正常的需求而在四周移動時的探索與觸摸，較遠的物體也逐漸變正常。實驗過程完全沒有拿掉眼鏡，不出幾個星期，所有東西看起來都回復平常的樣子，他們可以不需特別注意就輕鬆做事。最後，外面開始下雪，科勒先生看著窗外的雪花從地上升起，往上移動，他走出門，伸出雙手，感覺雪落在手中，他手掌朝上，雪當然落在手掌上方，試了幾次之後，他就看見雪花往下降而不是上升。

還有其他實驗用到反轉影像的眼鏡，其中一個是美國的實驗，由兩個人戴上特殊的眼鏡，一個人坐輪椅，另一個人推輪

椅,負責推輪椅四處走動的人在幾個小時後,開始看見正常的景象,不需要靠摸索來找路,但坐輪椅的人仍把所有東西看成上下顛倒。

新生的嬰兒是否從一開始就看到正常的影像,還是必須藉由碰觸東西才能解釋他接收到的印象,以符合感官的經驗(也就是他的碰觸)?我推測動作對客觀世界的形成,扮演了很重要的角色,如果我的推測不全然錯誤的話,動作很可能是所有生物可以形成客觀外在世界的必要條件,甚至可能包括客觀的內在世界。

我們很少停下來自問,我們是否只是遺傳密碼(DNA)程式的成人版本,這個版本實現的過程是從精蟲開始,DNA會從各種可能的選擇挑選符合其密碼的變化。如果承載遺傳密碼的有機體沒有成長的話,程式就永遠無法執行。出生與成長的過程至少會有一位觀察者或見證者,就是產出有機體的母體。另一方面,到目前為止,所有生命有機體都出現在地心引力的場域之內。總結來說,遺傳程式所在的身體從兩個細胞開始成長,生活的環境包括無法避免的地心引力與見證者。新生命要能長大成熟,這些項目缺一不可。

所有哺乳動物都有外形、骨骼、肌肉、神經系統,且由雙親生出。人一出生就進入地球某處的文化、社會。地球會施加永不中斷、無法去除的地心引力,這是固定不變的,每一個地方都是一樣的。骨骼雖然是活的物質,會生長,受傷後可以再生,但相對說來仍是不能自行移動的物質,如果沒有肌肉的拉力,就無法改變外形、位置或形態。肌肉有大有小,有橫紋肌與平滑肌,

全都只能收縮和停止收縮，停止收縮時會恢復成原來的長度，為下一次的收縮做準備。如果沒有神經系統的刺激，肌肉就不會收縮，但這並不全然正確，因為心臟的肌肉在胚胎發展的早期，早在任何神經抵達心臟之前，就會以特殊的節奏收縮，通常比成人的心跳速率更快。顯然有另一種機制可以讓肌肉收縮。

肌肉纖維主要有兩種：白肌纖維和紅肌纖維。除了顏色不同之外，收縮持續的時間和速度也不同。肌肉收縮才能讓骨頭的關節有展開或收合的活動，這兩種活動是互相拮抗的。當然了，成人的肌肉本身無權決定收縮或停止收縮（即鬆弛）。

神經系統負責傳遞神經衝動，以激發肌肉的動作，所以是所有動作的原因。這是非常複雜的結構，能產生許多不同模式的肌肉活動，包括膝跳反射、顫動、陣攣，乃至平順的意向動作。骨骼形態的每一種改變，都是特殊模式的神經衝動發送到肌肉造成的。神經衝動抵達不同肌肉的時間，以及肌肉的收縮量，是由許多特殊的機制調節的，讓骨骼可以執行細膩、精緻、強烈、迅速、緩慢等等各種不同的動作。動作發生在空間之中，也發生在時間裡的不同時刻。肌肉和神經系統帶動的骨骼動作不但發生在空間與不同的時間之中，也發生在人類的社會環境，很少有其他情形。動作會使有機體改變位置，而我們所說的有機體包含骨骼、肌肉、神經系統，以及負責讓整個生命體得到營養、溫暖、啟動、休息的所有部分。

這些動作會讓整個有機體改變位置，並為了不同的活動而改變形態，進而影響各式各樣的環境，為有機體提供必需品。只

要有機體仍有生命，不斷變化的環境和不斷變化的有機體之間就會持續交互作用。不同的環境會影響有機體，有機體會改變，以產生行動，有效地回應環境。這是一個密閉的迴路，包含四種元素：骨骼、肌肉、神經系統與環境。從出生到死亡，這四種元素會相互作用，在迴路之間產生回饋與前饋的運作。出生時，有機體與環境的連結大多是被動的，不久就愈來愈不被動，逐漸成為愈來愈有意向的主動。

如果沒有地心引力的話，整個體系就會完全不同，不需要那麼多肌肉，骨架也會完全不同，所有動物的姿勢都沒有特色，整個能量體系也會改變，骨骼不需要承受壓縮的力量，動作的速度也會完全改變。事實上，我們完全想不到會是什麼樣子。所以動作是生命的最佳線索。自從人類會說話，就根據地心引力影響之下的動作對所有既存的事物進行分類。只能順著水流和風向被動地來回移動的是植物，除此之外，其生長是垂直的，而光線會影響垂直生長時的方向。動物會以不同的方式改變自己的位置，於是依據行動的方式分門別類，水中游的是魚，天空飛翔的是鳥，滑行的是蛇，蠕動的是蟲，還有會跳躍的、爬行的、用四肢走路的，而我們是直立行走的。自從人開始能記得自己時，似乎就全神貫注於動作。

既然動作對形成所有生命有機體的活細胞或細胞的集合體如此重要，當然不是純屬偶然發生的事。有機體（骨骼、肌肉、神經系統）在環境中主要是專注於動作，而動作是如此複雜，所以大部分生物都需要一段個體親自學習的期間，不論是魚、鳥、

動物、猿猴或人，幾乎可說所有物種都是如此。學習的期間各自不同，可以從幾秒鐘到幾分鐘，乃至好幾年。有些群聚的動物，比如牛、馬、斑馬之類的動物，從母體出生後，幾乎立刻就可以跟隨群體。小牛落地後（小長頸鹿會從較高處落下），在臍帶被咬斷、全身被舔舐後，嘗試一、兩次就可以立刻用腳站立，成功兩、三次之後，不論是平地、上坡或下坡，就可以跟隨牛群走過沙地、碎石、濕滑的草地，不但可以緊緊跟隨牛群，如果打滑或絆倒，也會立刻站起來。請你想一想，需要何等的複雜性與精巧度，才能製造出具有類似效率的東西，就能了解這種不需過去經驗、只有如此簡短的學習期就能行動的狀況，是多麼非凡的能力。

霞慕尼山區或其他山區的山羊出生在高處的岩壁，小山羊不需先有明顯的學習期，就可以用雙腿站立，然後就必須在邊緣銳利的岩石之間跳躍。這些動物的神經系統裡的連結與設定顯然都必須是出生之前就建立好的。簡言之，物種會傳遞學習、演變、反射動作、本能，讓他們能在危險的處境存活。然而，大部分的鳥、狗、各種貓科小動物，包括小老虎，都必須接受父母的某種訓練，才能完成內建的設定，建立神經系統的運作模式。數週的學習期就可以使之成為可靠、自主或自動的模式。

檢視許多物種的情形後，顯然可以看到位於演化階梯較下層位置的物種，神經系統在出生時的設定較完整，低階物種的突觸、神經元等等的連結已經完成，學習期較短。人類在這個歷程的最遠端；就我所知，人類嬰兒的學習期是所有物種裡最長的，

雖然維持生命與成長所需要的一切，在出生時的神經與腺體系統已完成連結，但特定的人類功能仍完全沒有設定。小寶寶出生時都不會說話、唱歌、吹口哨、爬行、直立走路、作曲、用數學計算或思考、分辨日夜的時間，也不懂什麼是遲到。如果沒有持續數年之久的學習期，這些功能無一可被觀察到。就這些特定的人類功能或活動而言，神經結構的連結或設定在子宮裡就已預先做好準備，但相較於成人的功能而言，這些功能在出生時可說是不存在的。

個人的經驗或學習期是必要的，少了這個部分，小寶寶就無法成為人。人類就好像完全沒有任何先天的學習。「低等」動物具有種系的學習，也就是此物種先天演化出來的學習。「高等」動物則透過個體自身經驗來學習。「低等」和「高等」只是指其複雜度，這是我們建構演化階梯的方式，並沒有其他意涵。幾乎所有低等動物都可以做最高等的動物必須學習才能了解的事，但需要長期的練習，且只能模仿，通常還需要用到各種輔助的器具或結構。容我在此反覆強調，只有神經組織與系統才有能力構想，以及施行或實現。

重複的傾向最終會引導出重複的恆定與秩序。大部分事件都是出於偶然，如此混亂，以至於大部分情況是無法預測的。我們制定自然律的方式，是挑選出我們無法改變的事件，然後添加我們所認為的秩序。牛頓引進萬有引力的觀念，對隨意掉落的各種物體加上秩序。神經組織的作用就是組成秩序，也會在環境中製造秩序，轉而再改善神經功能的秩序。神經組織會使自己有

條有理，所以會選擇並修改由環境進來的訊息，使之成為恆定的資訊，讓重複成為可能。有機體從環境得到許多不斷改變的訊息，然後成功地把訊息感知成不變的實體。神經系統的能力如此強大，可以創造秩序，如果是由其他物質製造的儀器來接收這些訊息，只會記錄到模糊不清的連續變化。請試想你坐在奔馳的馬上，為朝向你跑來的獵犬拍照，就可以了解這一點了。

如果處在風扇或空調製造的強烈噪音之中，任何錄音設備若不經過專家處理，都無法清楚錄下談話內容，我們卻可以了解彼此的對話。我們可以從許多不斷變化的干擾中，毫無困難地抽取不變的秩序。我們在自己看、聽、聞或感覺到的任何事物中，積極組織自己，以對那些固定不變的訊息留下印象，讓我們能適應自己內在的混亂，以及各種外在環境（個人、社會、空間、時間）的混亂失序。孩童可以在同時使用好幾種不同語言的房間裡，學習一種語言。當老師和孩童都對學習感興趣時，就會奏效。我們認為火柴盒的形狀大小是固定的，但照相機、望遠鏡或其他科學儀器，在火柴盒移到夠遠的位置時，會把盒子看成小圓點。如果從盒子的邊緣來觀看，我們仍會看到「方形」的盒子，儀器卻不然。我們的神經系統會根據自己的需要，製造固定不變的訊息。

假設我們把骨骼、肌肉、器官與大腦組合成一台機器，這個大腦會說英語還是土耳其語呢？它根本就不會說話。這樣的大腦可以閱讀、用數學思考、聆聽或創作音樂嗎？它能製造電腦或麥克風嗎？當然不能。大腦來到世界時，只適合做任何動物大腦所

能做的事，它會照顧呼吸、消化、身體的自動程序，除此之外，我們必須設定這個大腦，讓大腦與所在的環境產生關聯。在一開始時，大腦甚至不知道如何站立，也不會閱讀、吹口哨、跳踢踏舞、溜冰或游泳。大腦必須經過適應與連結，才能充分發揮功能。

假設我正看著一支麥克風，我的眼睛看著它，辨認其影像。其實我的大腦裡並沒有麥克風的影像，而是在我的視網膜有麥克風的影像。兩眼的視網膜影像各自會分成兩部分，投射到大腦皮質的四個不同部位，大腦皮質其實沒有麥克風的真正影像。可是，觀看的功能在我心智中引發眼睛看見的事物。大腦透過一種訓練，讓自己與客觀真實「連線」。所以客觀真實包含環境與身體本身。

心智會逐漸發展，開始設定大腦的功能運作。我看待身與心的方式牽涉到很細緻的方法，這個方法讓整個人的結構「重新設定」，而得到整合良好的功能，也就是有能力去做這個人想做的事。每個人都可以選擇以特殊的方式設定自己，然而，現在的人所做的方式幾乎是完全無效的，只會使我們愈來愈遠離自己感受的能力。

每一個人在出生時都是人形動物。新生嬰兒能吞嚥、吸吮、消化、排泄和維持體溫，就像其他動物一樣。讓我們與其他動物不同的是人形動物可以發展成智人，具有智慧、知識與覺察力的人類。

摘 要

在許許多多的道路中，有些是最佳的途徑。所有人都有好奇心──感官世界幫助我們找到對每一個人都很重要的「最佳途徑」。回家（讓細胞避免幅射線的避難所）以得到安全的路，必須是熟悉的路，否則會沒有把握，來不及回家。所以「地盤」這個字眼就像生命本身一樣古老。家對你的意義是什麼？你疲倦或受傷時會去哪兒？有沒有別的選擇呢？我們如何運用自己所擁有的而做出選擇？我們如何行動、適應或調整自己呢？學習與此有任何關聯嗎？什麼樣的學習呢？我們如何學習？

chapter 3

第三章

論學習

ON LEARNING

有機的學習是不可或缺的，其本質也可能具有療效。不過，相較於生了病再被治癒，學習又更合乎健康。生命是一種歷程，不是一件事物，如果有許多方法來影響歷程，歷程就會順利進行。我們需要許多方法來做我們想做的事，而不是只有我們所知的一種方法——即使那種方法本身是好方法。

有機的學習始於子宮，且在身體成長的整個階段仍持續進行。老師帶領的其他學習形式發生在學生眾多的學校、大學、學院。兩種學習類型之間雖然有一些相似之處，但仍有許多根本的差異，有些差異非常隱微。

當人發現自己難以完成別人可以輕鬆處理的事時，通常會覺得自己有問題。父母與老師都會鼓勵這個人更努力，相信是某種形式的怠惰妨礙了學習。更加勤奮有時確實會產生進步，但很多人後來才發現自己只有表面的改變。

當代幫助這種人的方法與技巧何其多！由此可以估計有多少人在社會生活中，也就是在婚姻、專業或身體的缺憾中，面臨困境。許多人修習禪學、靜坐冥想、各種學派的精神分析、心理劇、生物回饋、催眠、舞蹈治療等等，至少有五十種以上的療法運用在那些不覺得自己生病，卻對自己的各種感覺和表現不滿意的人身上。所有這些幫助痛苦之人的方法，都要他們進行大量的學習。所以必須先了解有不同形式的學習，才能看見我發明與運用的另一種方法的重要性。

第三章　論學習

　　學習，特別是有機的學習，對人類具有生物性的必要，更不用說具有生理性的必要。我們學習走路、說話、盤腿而坐或日式跪坐、閱讀、寫字、繪畫、演奏樂器、吹口哨。我們的飲食習慣幾乎不是出於本能，我們的生活方式不只是出於生物性，也同樣受到文化與種族環境的影響。

　　胚胎、小嬰兒、孩童的神經系統可說是透過感官、感受與動覺來設定的，這些感覺來自時間、空間、親人、社會與文化的環境。然而，幼年期的有機學習牽涉到複雜的結構與各種相關的功能，需要耗時數年之久，不可能從不出錯，也必然不完美。有機的學習是個人化的，沒有鞭策進度與成果的老師，只要學習者保持有機的學習，就會一直持續下去。

　　這種有機的學習是緩慢的，無關乎成果好壞的任何判斷，沒有明顯的目標或目的，純粹由滿足感來引導。當人覺得每一次的嘗試更順利，可以避免先前覺得不快或困難的小錯誤，就會產生滿足感。如果父母或別人強迫學習者重複練習原有的成功，他反而可能退步，可能讓進一步的進展延遲數日，甚至數週，或是再也不進步了。

　　學習者在環境中運用功能的企圖，與身體結構的發展是同步進行的。如果連結眼睛、耳朵和頸部肌肉的神經結構還沒有成熟到足以做出其他動作，小寶寶就仍只能向左右兩側滾動。我不想偏離目前的主題去談早期爬行與蒼白球的成熟有關，還有紋狀

體,或大腦為了身體動作的進展而有的未來發展。[1]

神經結構與其連結模式的成熟,會因為身體任何功能運作的嘗試而受影響,反之亦然。所以學習可能往完美的方向進展,也可能偏離正路,或甚至在下一次伴隨另一種功能運作嘗試的成熟期之前就退化了。成長過程中,時間是不等人的,沒有適時做出嘗試的任何部分,可能在學習者的餘生一直保持蟄伏不動。如果在某段時間之前還沒有學習說話,可能一輩子都無法說得很好。有機學習中,並沒有正式的老師,不過小孩仍可能透過母親來學習,包括接受或排斥她的範例,他會根據感官的愉悅感,從不同的來源選擇不同的行為。

由老師負責的學校教育可能是人類最了不起的成就,也是我們身為社會人的成功來源,卻也是我們某些缺點的根源。老師知道自己在教什麼,也知道要把學生帶到哪裡。學生知道他們在學什麼,以及自己的學習是否讓老師滿意。他們的訓練充滿各種練習,都是為了達到老師想要的目標。我們可以用這種方式學習醫學、工程學、法律之類的科目。

這種學習有規定好的課程,要在指定的期間之內學完。少數人可以成功地讓所有老師都滿意,這些學生在高中和大學都擁有夠好的有機學習。有些人永遠無法讓老師滿意,總是在班上墊底;有些人則學到一些東西,足以進入下個年級。當然了,這種描述忽略了各個世代中促成進步的老師,他們仍應得到讚揚。過

---

1 譯註:蒼白球、紋狀體都是大腦某部分結構的名稱。

去與現在出現過一些最了不起的人,也要歸功於他們。

學校教育的做法會形成家長的信念,也影響他們對學習的認識。意圖良好的家長卻可能會妨礙有機的學習,許多療法追溯大部分功能障礙的真正起點與發展來源,都指向父母。這些發現是如此普遍,以至於我們會以為不曾有父母還比較好。但孤兒的情形更糟,撫養他們的人關於對錯的態度與父母一樣,但更不關心小孩。他們認為意志力才是得到正確功能運作的好方法,並以為重複嘗試就可以保證優秀的結果。事實上,為了正確的最終狀態而不斷練習的方式,只會製造熟悉感,並讓所有錯誤都變成習慣。自覺功能不良的人是無助的,他嘗試做正確的事,卻知道自己是失敗的,於是相信自己有某些根本的問題。可是,如果考慮的是音樂、繪畫、寫作、思考、感受或愛,我們對貝多芬、巴哈、畢卡索、米開朗基羅、托爾斯泰、喬伊斯、維根斯坦、愛因斯坦、狄拉克[2]或但丁,卻傾向於支持他們運用自己獨特的方式與方法,而不是去做別人教的東西或大眾認為正確的事。

面對全班學生的老師需要靠語言來讓學生了解並掌握主題,這似乎是不可避免的教學方法,但不代表整個體系沒有嚴重的缺點。我們的思維對現在教導的自然法則已如此習以為常,以至於都沒有停下來想一想這些自然法則的真正意涵。科學並沒有發現自然的法則,而是發現人性的法則。大腦功能如何運作的研究可能要耗費數百年,因為我們只能從外在尋找它的表現形式。以三

---

[2] 譯註:狄拉克(Dirac, 1902-1984),量子力學奠基者,1933年諾貝爾物理獎得主。

角形為例,這是最單純的幾何圖形,從歐幾里得之前的時代直到今日,我們對三角形所知的一切其實就是我們能在自己外在的紙上畫出來的單純圖形;至於平分線、垂直線、中點連線、內圓、外圓、面積和各種不同形狀的三角形,都是大腦的產物,並不是畫在紙上的三角形的法則。我不記得是巴斯卡(Pascal)還是笛卡兒(Descartes),在十三歲就完成對幾何學的認識[3],他重新發現我們所知道的幾何學,但過程中沒有發現任何自然法則,只有發現自己思考的法則。

一般人大約要花費三、四十年的時間才能熟悉任何重要的「法則」,也就是任何具有真正原創性的思想,比如門得列夫週期表、彩色攝影術、相對論和遺傳基因的雙螺旋結構;直到那時,才可能領會其重要性,並清楚了解其應用。當然了,這些事物是環境中「外在」的東西,而我們的大腦從受孕到現在此刻,都已被設定會從感官接收外在事物的影響。如果完全沒有感官的話,我們的外在世界會有什麼樣的法則呢?如果沒有外在世界,沒有肌肉與骨骼,我們的大腦就無法運作。骨骼與肌肉是必要的,因為推進自己是動物生命的基礎。

從1、2、3到無限大的「自然」數列,也許是更有說服力的例子,可以說明被宣稱只在「客觀」真實中發現的法則,其實是大腦作用方式的研究。數列中有奇數、偶數,其分布是特殊的。

---

3 譯註:巴斯卡的父親原本禁止巴斯卡學習數學,以免他荒廢拉丁文與希臘文的學習,卻在他十二、三歲時,發現他獨自用木炭在牆上證明三角形三個角的總合等於兩個直角相加,於是准許他學習幾何學。

還有質數,其分布又有所不同。還有畢氏三角定理:$3^2+4^2=5^2$,因為 9+16=25 等等。數列的法則多到足以填滿一本很厚的書,可是在我們的外在世界中,哪裡有數列和它的法則呢?數列只在我們書寫與想像時才存在,而這是我們的大腦從一開始就被設定的方式。所有自然數列的法則顯然都是大腦運作的法則,而不是任何其他東西。

有機學習是鮮活的,發生在愉快的心情之下,在很短的間隔起作用。相較於一整天在學校的學習或研究,態度比較不嚴肅,學習時間也不固定。

此處很適合談一件趣聞軼事。幾年前,我有幸在珍恩・休斯頓(Jean Houston)與鮑伯・馬斯特斯(Bob Masters)的引薦下,在紐約的奇緣餐廳認識瑪格麗特・米德[4],我們圍成一桌,米德說她要先問我一個問題,看看我的答案能不能引起她的共鳴。她研究人類學多年,在二十幾年間反覆回到同一座島嶼,當地人擅長狩獵與捕魚,但她一直無法教導住民或小孩學會腳的某種動作,一種單腳輪流跳躍的動作。我不了解這種動作,無法給她確切的答案,但我告訴她,我認為差錯或障礙最可能的來源是因為壓抑或禁忌而影響早期童年的爬行動作。她驚喜地說她相信我的方向是正確的,接著告訴我,那座島嶼的住民不允許小寶寶用四肢同時碰觸地面,因為怕他們培養出兇殘的性情,而完全不

---

[4] 譯註:瑪格麗特・米德(Margaret Mead),美國最重要的人類學者之一,也是廣受世人歡迎的人類學家,1978 年逝世後獲總統自由獎章。米德以生動的語言描述她在原始文化的親身見聞,主張「塑造人之行為方式的主因,是文化而非生物因素」。

讓小孩爬行。我們的友誼由此開始，持續到她過世。

一個人如果回顧自己的有機學習，以評估自己有哪些部分成熟到天賦得到充分的發揮，必然會記得各種知識歷程中，思考與清醒的覺察幾乎是無法分開的。所謂清醒是指我們知道自己是否正在站立、坐下或躺下，這表示我們知道自己和地心引力的關係。用語言文字思考時，即使是下意識的思考，也會符合邏輯，並以熟悉的模式思考，也就是用以前思考、做夢、閱讀、聽聞或說話的類型來思考。如果學習以關係模式來思考，將感覺與言語的固定性分開，就可以找出隱藏的資源，有能力建立新的模式，把關係模式從一個學門轉換到另一個學門。簡言之，我們用個人化、原創性的方式思考，由此以不同的路徑探索已知的事物。

我認為，如果學習能允許結構與其功能的運作得到進一步的成長，就可以引導我對已知如何做的事，得到全新而不同的做事方式。這種學習會增進我更自由選擇的能力。如果只有單一的行動方式，就表示我的選擇只局限於行動或不行動。

這件事可能不像表面看到的這麼單純。如果我們想看右側，會把頭轉向右，肩膀也會參與向右的轉動。從有機學習的觀點來看，頭、眼、肩都轉向相同的方向，是早期童年學習到的最原始、最簡單的行動方式。神經系統有能力進行其他動作模式，比如頭和肩轉向右時，眼睛轉向左。總共有八種不同組合的可能性，請嘗試任何你不熟悉的組合，以非常緩慢的速度進行，讓你在「分辨」這些組合與你已知唯一方式間的差異時，可以了解你在什麼地方轉動頭、眼與肩膀。為什麼要這樣做？請看看你成功

地以新模式轉動幾次,且和你熟悉的模式同樣順暢時,會有什麼體驗?你會覺得自己變高、變輕,呼吸更順暢,並有一種以前不曾經驗過的愉悅感。你的整個意向大腦皮質會以這種自我導向的品質來運作,這是你一直覺得可以達到的品質。

現在請想像你學習去區分自己的各部分,也就是你的所有活動,並重新建立模式,你的意向大腦皮質會除去所有強迫性模式(即沒有其他選擇的模式),你會發現自己其實可以用許多新的方式行動。開始時,你可以坐下來,或甚至躺著進行,這有助於你的學習,因為平躺的姿勢可以去除腳底板承受的壓力,讓意向大腦皮質不會受到全身站立模式的影響。這也許是你有生以來第一次讓大腦皮質的連結形成全新的不同模式,並影響自我的表現。

如果你跟著我嘗試,也會得到這種學習,這就是「動中覺察」課程產生的學習,「動中覺察」的重心不在你進行的動作,而在於你做動作時如何引導自己。

請試想一件小事,比如區分兩手無名指動作的能力,這似乎一點也不重要,然而人類可以由此分成兩個族群:一組是可以彈奏或製作音樂的人,另一組只能花錢買票來聽音樂會,或買音響設備。如果無名指只能伴隨兩側的中指和小指一起動作,我們仍可過「正常」的生活,然而小提琴、長笛、鋼琴和大部分樂器都需要無名指的獨立動作,它們分化的程度必須像食指或大拇指一樣。這只是一個小例子,說明如果用這種方式有條不紊地處理身體的結構與功能模式,就可以在每一個人身上發現驚人的潛力。

這種技巧並不容易掌握,但如果這種體系得以推廣的話,就可以讓教育和學習產生質變。

「分化」不是個容易的字眼。這種做法的重要性在於它可以為我們已知的一種做事方式,增加可用的選擇。沒有別的選擇可用時,如果幸運的話,我們也許沒事,但如果運氣不好,就會不時感到不安、懷疑,甚至焦慮。沒有不同的選擇時,即使知道是自己造成的不幸,仍會覺得無法改變什麼,還會認為:「我不夠好,但我就是這樣,我無法有所不同。」

多樣化的選擇讓我們對類似但仍有差異的處境,能以不同而適切的方式行動。我們的刻板反應也許有其用處,即使如此,我們仍可以運用自己來改善生活。如果我們的思考、感官與感受沒有影響我們的行動或反應,我們就無法以滿意的方式運用功能,所以你的行為與反應必須包含滿足感和愉悅的收穫或結果,甚至在你的期望或想像中也要有這種感覺,這會讓治療產生效果。看完本書,你至少會學到一些運用自己的方法。

摘 要

　　所有哺乳動物中，人類擁有最複雜的中樞神經系統。所有神經系統的建立都是為了種系的學習（phylogenetic learning），愈原始的生物愈明顯，但人類的中樞神經系統也是地球上進行個體學習（ontogenetic learning）的最佳結構。外在世界會影響我們的感官與大腦，影響如此之大，即使我們出生的環境有三千種語言的可能，大腦仍能有條有理地讓我們學習並了解自己所在之處的那一種語言。我們的耳朵、口唇和所需的一切器官，都能根據環境裡聽到的語詞聲調，而學會說那種語言。

chapter 4
第四章

姿勢的生物面

BIOLOGICAL ASPECTS OF POSTURE

穩定是好事,但也表示較難開始動作,也較難被移動。場上的拳擊手保護自己的唯一規則就是在自己再度不穩定之前,不要被擊倒,然後就能移動以攻擊對方或再次避免被擊倒。穩定表示受到保護,可以增加安全感。不穩定代表危險,卻容易移動。兩者在生物層面都是重要的。執迷於其中之一時,就缺少選擇,反而不安全。

我們觀看大城市的龐大建築時,通常不會想到它的地基,我們會注意的是建築物中忙碌有如蜂巢的房間,如果房間空無一人,我們會感到驚訝。但如果強烈地震來襲,讓建築物高聳而立的地基就會決定它是否能穩穩直立、可以修復,還是會崩塌、難以復原。我們一開始就像靜態的結構,平常狀況下,只關心如何使用這個建築物,但面臨壓力或創傷,必須考慮動態的平衡或均衡時,一切就完全不同了,地基的深度、材質與品質,上層結構的設計與建造方法,都變得非常重要。我們把直立的人類比擬為靜態的建築,假如功能可以運作,對自己和社會沒有太多抱怨,我們就不會想到他是如何建造、用什麼材料建造的,我們沒有興趣知道他如何長成現在的樣子。地震時,別人不會注意他能承受什麼樣的搖晃,要到被摧毀而無法修復時才會去注意。什麼建築可以修復,什麼建築無法復原,顯然要依據結構工程師的技術、經驗與才智。

人類就像所有生物一樣,可以從小型的衝擊、傷害與不幸中復原。當人受到搖晃時,如果平常的神祕自癒過程沒有把人帶

回正常的功能運作,並不表示他受到天譴,而是需要幫助才能復原。難以計數的助人者會處理局部的疼痛,但他們全都忽略陷入困境的是整個人,是活生生的人。我親身遇見一個例子,可以更清楚說明這一點。一位六十幾歲的婦人感覺到恥骨上方的腹部持續疼痛,家庭醫師為她做了 X 光和血液、尿液分析的檢查,以及所有認真的好醫師都會做的常規檢查,最後告訴她,他找不出任何毛病,當然了,她的健康狀態已經不能和二十歲時相比,考慮她現在的年紀,他可以開止痛藥,不過疼痛也可能自行改善。結果疼痛仍持續下去,於是他建議她去看婦科醫師。同樣的檢查過程又重複一遍,X 光、各種檢驗,結果仍然相同,「我看不出哪裡有問題,當然了,妳現在不能和年輕時相比。」她懇求醫師,說自己無法入眠,也難以工作,於是婦科醫師決定轉診骨科醫師,檢查她的骨盆和腰部。骨科醫師再次重複 X 光檢查與各種檢驗,做了所有認真的好骨科醫師都會做的事。我不需要一再重複這個熟悉的故事。他建議她去接受神經科檢查,結果是再次重複令人厭倦但無法避免的結果。可憐的婦人抱怨自己已經痛苦了八個月,無法處理日常工作,於是神經科醫師建議她找精神科醫師,因為包括他在內的所有專家都找不出器質性的問題。

結果發現,她在第二次世界大戰被關在德國集中營時,失去一個孩子。她在十九歲被釋放,不知如何維生,精神崩潰之後,在法國接受照護,後來到以色列的齊布茲(kibbutz)[1],幾年後

---

1 譯註:以色列的集體社區。

再婚，卻再次在最近的以色列戰爭中同時失去丈夫與兒子。她是活力充沛的人，苦難使她強壯而成熟，但因為她再也無法生育，而覺得自己不適合第三度展開人生。我們在談話中發現她在身體中感覺到這種痛苦，這是最讓她難受的。

我想指出的重點在於，她求助的每一個人都只治療困擾她的那一部分，沒有把她當成一整個人來對待。精神科醫師也許比較好一點，但他無法判斷是否有器質性的原因。這位婦人聽說要轉介給精神科醫師時，簡直嚇壞了，以為被懷疑是精神失常。一旦你能體會什麼是我在了解人類共通命運時產生的怪異感覺，我就會告訴你，她如何從疼痛復原。如果你還記得共舞的觀念，也許可以猜到如何處理的原則。

我們並不是靜態的建築物，人類良好功能的恢復是更精細的事，需要有更基本的知識，知道我們如何長出現在的功能，以及更多資訊與洞見來了解這個人自己不了解的事。畢竟，他就像你和我一樣，是一個人。他是怎麼回事，竟然沒有意識到生命的動態性，卻把自己看成某種只要還有活力就不斷嘗試的活機器？換句話說，只要他一停止機械式的做，就沒有活力可言。這真的不僅僅是一種解釋，生命顯然不是靜態的，而是時間中持續進行的歷程，從起初就一直前進到未來，沒有止境。每一個人可能都知道生命是一種歷程，卻不是每一個人都知道靜態的均衡不適用於這個歷程。靜態結構被打倒時，就倒下了，可是，活生生的身體，不論是移動或保持不動，在被打倒時，會展現各種意料不到的反應方式。

由許多較簡單的系統組成的系統，或是由許多較小有機體形成的有機體，不會只是因為受到打擊或被打倒，就完全停止功能的運作。他們受到我先前介紹的法則所支配，這些法則掌管大型的系統、生命有機體、種系、文明，諸如此類。

　　接下來會更仔細說明我們所知的動態平衡，更好的說法是以活動與動作為其法則的大型系統的平衡。一個人的活細胞數量有 2^{58} 這麼多，可說是天文數字，足以被視為大型系統。鋼鐵企業 ICI 和菲利浦公司都是世上的大型系統。人的腿或手斷掉時，只是被迫倒退一點，倒退到較差的活動狀態，但只是受到打擊，他仍會恢復，且大多能繼續發展下去。以我們先前談到的大型系統為例，如果有一整間工廠毀壞，系統只會倒退一點點，仍會恢復，繼續發展。動態平衡中，問題不在於站立或倒下，而在於系統承受多大的打擊之後，就無法恢復發展。組成大型系統的小型系統數量愈多，恢復和存活的可能性就愈大。

　　偉大的化學家勒沙特列（Henry Louis Le Chatelier）研究大型系統的動態平衡問題，發現這種平衡受到干擾時，系統本身會產生力量以恢復正常狀態，而並不是靠外在的力量。人的平衡受到干擾時，比如溫度上升、中毒或感染，會產生內在的力量，以恢復功能運作的正常水準，或說是體內的恆定。

　　姿勢（posture）的英文字根雖然有靜態的意涵，但人的姿勢其實是動態的平衡。受到大幅干擾後仍可重獲平衡的姿勢，就是良好的姿勢。以空瓶子為例，抓住它的頸部，讓它慢慢偏離垂直狀態，你可以感覺偏離到什麼程度時，它仍會回到直立的位置。

你若把手放開，空瓶會來回搖晃幾次，並因摩擦力而逐漸減少搖晃的幅度，最後回到干擾前的靜態平衡。這是最簡單的實例，說明移動或動態平衡中恢復平衡的內在力量。這個例子有點過度簡化，因為潛在能量轉成動能的搖晃，以及動能再轉回潛在能量的過程中，是你讓瓶子偏離，還有地心引力造成的結果，所以不全然是大型系統產生的內在力量。

人的直立狀態被稱為靜態的「姿勢」，其實是不太精確的說法，因為並不是由靜態平衡的法則來決定的。人的雕像若未被固定，雖然看起來很重，卻會因強風而倒下。雕像的腳通常會嵌入支撐的平台或底座，裡面是融鑄在石頭裡的鉛塊。因為沉重的頭部與胸腔在上端，會使重心偏高，不利於穩定性。人體重心的位置在第三腰椎附近的區域，大約是一百二十公分高。重心會隨著身體形態的改變而轉移，並不是在身體固定的位置。

站立比移動更困難。列隊立正站好的年輕軍人有時會在長久直立不動之後昏倒。小寶寶在可以站立不動之前，早已倉促地跨步向前。我們必須回到人體姿勢的動力學來看，神經系統和骨骼、肌肉一起在地心引力的場域發展，其構成的方式是為了處理重心很高的直立身體的動力學。我認為我們的神經系統就像整個身體一樣，其作用是恢復平衡，而不是維持平衡。神經系統的結構與功能提供了原則與方法，引導我們有效運用自己。如果我們要學習和諧一致的功能運作，這是不可或缺的，因為和諧而有效率的動作可以避免磨損與拉傷。不過更重要的是，這對我們的自我意象，以及我們與周遭世界的關係有什麼影響。

我透過個人經驗發現一個現象，現在已成為我教學基礎的一部分。我先前談過，我年輕時踢足球，造成一側膝蓋嚴重受傷，好幾個月都難以行動，健康的另一條腿必須超時工作，而失去了原先的靈活與敏捷。有一天，我以仍可使用的腿單腳跳動，卻因人行道上的油污滑倒，我覺得膝蓋幾乎扭傷，但終於又滑回原位，我仍用單腳跳回家，然後爬兩層樓的階梯，終於能躺下來。我感到原本的好腿逐漸變硬，因水腫而變厚。原先受傷的膝蓋仍裹著繃帶，且痛到無法用那隻腳站立。所以我仍用剛才幾乎扭傷的腿四處跳動，心中想著，我可能不久就完全無法站立，必須一直躺在床上。我帶著沉重的心情入睡。

　　醒來時，我嘗試是否能在無人協助的情形下走到廁所，卻驚訝地發現我竟然可以用原本受傷而無法使用的腳站立。不知怎麼回事，好膝蓋的新傷害讓原本受傷的腿可以使用；事實上，它原本如果這麼好用的話，我就不需要單腳跳了。我想我可能是瘋了，好幾個月來讓我無法站立的膝蓋，怎麼可能突然可以使用，而且幾乎不痛了？這條腿的股四頭肌幾乎完全萎縮，大腿明顯變細，這是半月軟骨嚴重損傷時常見的情形。我覺得萎縮的股四頭肌好像突然變得強壯有力，足以讓我用腳站立。我不曾聽過這種事，受傷的膝蓋在X光下清楚顯示物理結構發生異常，竟然出現奇蹟式的變化。我冷汗直流，不知道自己是清醒的還是在做夢。我扶著傢具，嘗試移動，毫無疑問，我可以把重量放在舊傷的腿，原本用來跳躍的腿變成輔助的腿。舊傷的腿仍不能完全伸直，我需要傾斜身體，把重量放到腳尖而不是腳跟，但它毫無疑

問可以支撐身體大部分的重量。

我怕被人嘲笑，沒有把這件事告訴任何人，且一直不確定到底發生了什麼事。我以為自己的腦袋有問題，因為膝傷在幾個小時內痊癒是難以想像的事，更不用說好膝蓋的事故竟然可以改善受傷的膝蓋。幾年後，我讀到史博蘭斯基（Speransky）的書《醫學理論的基礎》（*A Basis for the Theory of Medicine*），才突然想到我經歷的那種變化只能用神經系統來解釋，我自己曾考慮這一點，但不敢說出這種瘋狂的想法，也不敢加以研究。大腦運動皮質的一部分被抑制時，會改變鄰近對稱的部位，甚至激活它，或減少它受到的抑制。巴夫洛夫（Pavlov）主張大腦皮質內的激活點，其四周必然圍繞一圈被抑制的區域。我在受傷時期想到是否可能透過大腦功能運作的改變，而產生解剖結構的變化，因為相較於骨骼所需的能量，大腦改變功能運作所需的能量少到可以忽略不計。但當時覺得這個想法太瘋狂，而認為不可能。

我後來收集了許多類似事件的故事。我曾詢問教導出一整個世代矯正牙科醫師的資深牙醫師史畢茲（Spitz）醫師，她是否曾遇過病人因蛀牙造成單側下顎無法咀嚼，卻因為另一側下顎受傷，原本無法咀嚼的那一側突然可以咀嚼。她記得自己長期的職業生涯遇過三個例子，但她承認因為找不到合理的解釋，不曾告訴任何人，寧可試著忘掉這些經驗。半邊身體癱瘓的人，當癱瘓側的股四頭肌開始消失、腿逐漸變瘦的同時，另一側會顯示肌肉張力增加。巴夫洛夫過世後，史博蘭斯基教授成為巴夫洛夫研究中心的院長，並從蘇聯各地的醫師收集與他觀察到的現象類似的

故事。比如在一隻手臂打針後,另一隻手臂相應的位置出現與打針相反的變化,在周圍出現水腫。他認為無法從神經系統以外的因素來解釋。

我有幸能常常邀請卡爾‧普里布蘭(Karl H. Pribram)出席我在舊金山的訓練課程,有一次,在他的問答時間,我提出我的觀察:重複碰觸耳朵內側會在同側的手掌和腳掌產生溫暖的感覺,我問他是否知道任何解釋。因為微血管的擴張和血流的增加都是由自主神經系統支配的,但就我所知,耳朵沒有自主神經系統。普里布蘭教授是腦外科醫師,正展開輝煌的科學生涯,他有一個案例是在耳朵附近的區域接受大腦手術,他在手術時發現病人嘴唇周圍在出汗。他後來做了一些研究,想弄清楚是怎麼回事,因為耳朵的區域沒有自主神經的交感神經或副交感神經。他在二十五年前發表過一篇研究報告,正好回答了我的問題。

我們需要更有想像力的科學取向,以了解自己所有面向之間整個互相關聯的各種功能,而不是僅僅滿足於某種局部功能的觀念。這是非常複雜的問題,我們必須做好心理準備,不知會經歷多少出乎意料之外的事,才能打好地基,甚至在其上建立知識的殿堂與清晰的認識。

接下來要更詳細地討論姿勢。所有動物都有在地心引力的影響下使用自己的方式,這些動作最初只是探索性的,然後才在行動中變得警覺而專注。使用自己的第一步就是要移動位置,通常要先改變身體的形態才能移動。前一次移動和下一次移動之間,身體會有一段沒有明顯改變位置的時間。這個相對不動的時刻對

各個物種而言是獨特的，包括人類：這是某個身體的特定特徵。不論整個身體有什麼樣的移位，或是身體部位的形態有任何比較固定的變化，動物都必須經過幾乎不動的點，這個點就是動物的姿勢。

動物的姿勢可以比喻爲搖晃或移動的鐘擺的「姿勢」。不論是幅度大或小的搖晃，鐘擺總是會通過不動的位置，我們將之視爲姿勢。所有搖晃都是從垂直的形態開始的，而每一次搖晃也都會通過這個「姿勢」形態。

我們稍後會談到，這個比喻需要一項重要的修正。我們可以用另一種方式來看這件事，動物的所有物種都有特殊形式的姿勢，我們通常視之爲站立，不過從動力學來看，這是做出任何行動前的身體形態。動物在躺下、奔跑、游水、交配或任何行動之前，都會先回到站立的姿勢。而且在大部分活動中，最終回到站立之前，也常常會經過站立的形態。坐下時，會從站姿坐下，抬起東西、丟擲、跳躍、游泳或做任何事時，都會從站姿開始，也結束在站姿。前一個行動與下一個行動之間重心移動的軌跡必然會經過站立時的重心位置，軌跡會從這個位置開始，活動結束時也回到這個位置。因此，我認爲姿勢就是身體移動軌跡中的這個位置，任何移位都是從這個部位開始，也在結束時回到這個部位。這是從動態的角度考慮姿勢，或說是從動作的觀點來考慮，因爲動作是生命最普遍的特徵。靜止不動，保持在相同的位置、相同的形態，通常會危害或結束生命。死去的動物就會中止其特有的姿勢，成爲沒有生命的靜止形態。

鐘擺比喻必須修正的部分就是鐘擺通常處在最低的可能位置，就像死去的動物一樣。「活的」鐘擺就像活的動物一樣，重心在最高的可能位置，這是它開始或結束任何移位時的特徵。更接近的比喻是球體在棍子頂端的顛倒鐘擺，也就是我所說的活鐘擺，這種鐘擺靜止時，重心就會在最高的可能位置，這是可能存在的東西，但很難保持完全不動的直立。

　　植物和動物都是活的生物，兩者的主要差別在於繁殖方式、營養方式、和自我保存的方式。動物的所有這些功能都是用動作和姿勢的改變來完成的，簡言之，就是自我導向，而植物是相對不能移動的，穩定扎根於泥土中。

　　動物需要交配，才能繁殖，尋找配偶和交配都需要動作才能進行。樹木不需要移動軀幹的位置，就能得到類似的結果，但即使是植物，仍需要有某種動作，才能進行繁殖。兩者真正的差別在於動物幾乎每一件事都是動態、活躍的，而植物則大部分是靜態、不動、被動的。

　　即使是不良的動作，其開始與結束仍然是動物的典型姿勢，並不會對繁殖造成什麼困難。跛腳的人，甚至失智的人，都有能力做繁殖所需的動作，幾乎任何姿勢都是夠好的姿勢；且時間問題對他們也不重要，因為懷孕的數個月，與其跛腳、失智都沒關係。順帶一提，言語實在很吃力，如果你讀了前面幾段話，就會發現我避免用過於老套的方式來表達我的意思。世界並不是非黑即白，而是有所有可能的灰階。當我們是朋友，且對字詞的意涵有共識時，比較容易了解彼此；如果互不信任，就算用字再怎麼

精確,也沒有用。

　　對動物和植物兩者而言,獲取養分都是非常要緊、關鍵的事。我相信只有駱駝可以完全沒有水而活兩個星期,我沒有查證這件事,但聽說這是貝都因人(Bedouins)的常識,對貝都因人而言,駱駝幾乎就像人一樣重要。如果把空氣也視為養分(實際上它是),那它顯然是非常關鍵的事,因為有沒有它,對我們能否存活只是幾分鐘之內的事。身體吸收的水分會從呼吸與汗水流失,如果沒有水,除了駱駝和某些昆蟲之外,通常只能活幾天。很少生物可以在沒有水的的情形下活過一個星期。一般說來,食物不像空氣或水分那麼關鍵。簡言之,空氣、水分,甚至食物,對個體的存活而言,都遠比繁殖重要許多。若沒有這些東西,動物的生命可能活不過幾分鐘、幾天,或一週左右。你可以自己思考一下,植物在沒有水的情形下如何存活,請想一想沙漠的植物,還有炎熱與寒霜對植物的影響,對所有生物、動物和人類的影響。

　　個體因為溫度與養分而有的動作,比在最佳環境中的繁殖更為重要。無論如何,生命受限於最低階的因素,因為會危害到生存。空氣、水分、溫度與養分的不足對生存的影響只是幾分鐘或幾天的事。這個限制也是繁殖功能的限制。對生存而言,看似沒有價值的東西卻最重要,就此而言,姿勢做為所有動作從開始到結束之間會經過的形態,比繁殖更為重要。健康、移動自如、機敏警覺、組織良好的人和動物,都比跛腳或失智的人或動物有更好的生存機會。

第四章　姿勢的生物面

　　姿勢的第三項生物面的標準就是先前提到的自我保存。姿勢的自我保存面向是最關鍵的，它對生存的影響可能是幾分之一秒到幾秒之間的事。由於自我保存是動作是否良好的最嚴謹檢測，而良好的姿勢又是良好動作的基礎，所以探討自我保存有助於我們更準確地描述姿勢。

　　我們在一萬到一萬五千年前的獵人祖先，他們的動作與姿勢是如此完美，雖然沒有爪子或利齒，也沒有尖角或快蹄，僅僅靠著靈活、熟練的動作，就能讓後代成為整個動物世界的統治者。只要有人群定居的地方，獅子、蛇、野豬、大象這些最適生存、最強壯、體型最大的動物都必須離開、撤退或滅亡，因為牠們比不過所有動物中重心最不穩、力量最微弱的獵人。若要擁有這麼多樣化的動作，包括暫停、改變、持續的能力，必須同時發展出迅速的大腦。人類會群居，並發展部落習俗與宗族生活，當然與人類體型上先天的弱點有關。

　　人類姿勢的最佳狀態可以達到如此廣泛的動作範圍，使人成為動物世界的王者，動物之王並不是我們幼時被教導的獅子。先前已談過，人的重心因為頭、肩膀和手臂的高度而變得很高，這種結構只有在動態運用時，才能輕鬆移動。這裡再次看到語言文字固有的困難，因為每一個動作都是動態的。若要理解動態與靜態的身體使用有什麼差異，請想一想重心很低、很穩定的身體，其體重大多都很接近地面的物體，必須事先備妥某種形式的力量或能量，才能在移動位置時把自己抬起來：它本來就很慢才能開始任何動作，在移動之前也必須供應足夠的能量。水上飛機就是

這種體型,像所有飛機一樣,要從機腹伸出著陸的輪子。這種身體在本質上是靜態的,必須啟動能量的供應,才能聚集動力。由於結構的因素,它們的啟動是緩慢而耗時的。

起身時,人體會製造和儲存能量,且在站立的過程中把重心提高到與結構一致的最高位置。人體通常會儲存潛在的能量,以在地心引力的場域中,啟動空間中六種基本動作中的五種。身體往前、後、左、右、下方移動時,只需要放掉力量即可,因為起身時已儲存能量,可說是只要放掉剎車,就可以把這種能量轉化成動能。動作的啟動就像移動的意圖一樣快速,換句話說就是像大腦皮質的意向一樣快速。

人體的姿勢遵循動力學的法則,即使靜止不動時,也就是在動作軌跡中的一個特定位置時,也是如此。我們可以停止移動、繼續原來的方向,或是改變成任何其他方向。靜態平衡(低重心)的身體想要移動時,必須先克服太多的惰性,才能改變方向。

神經傳導與肌肉收縮的運作都遵循動力學法則,它們不需等待能量的轉換與啟動前的能量供應。因為神經已儲存了傳導所需的能量,且此能量會立刻得到補充,以備下次的啟動。肌肉纖維收縮後,也會立刻補充能量,以便隨時在受到激發時,可以準備好再次收縮,當然了,並不是絕對如此。

人類的姿勢比其他動物更具有一些優勢,比如我們早已知道的,手臂不需負載重量,這一點再加上人類大腦的迅速反應,造就了人類操縱現實的特殊力量。類似人的猿也有幾乎與人相同的

雙臂、手掌與肌肉，只除了大拇指無法做人類大拇指能做的事。拇指尖與其他手指尖相觸的能力是我們靈巧操作的重要因素，而這種靈巧性在思考時反而會亂掉。專業演奏家彈鋼琴或拉小提琴時，手指移動的速度比我們在緊急時閉上眼睛的速度更快，要達到六十四分之一秒的準確度，或是做出力量層層變化的動作，這在其他物種是很難見到的。

人的姿勢並不單純，也不容易達到，需要長時間要求很高的練習期。每一個人都必須經歷這種學習，以達到他的結構所允許的功能運作的最佳品質，這就像大自然的任何現象一樣令人嘆為觀止。

我們來看看人的姿勢可以達到什麼境界。有人可以在尼加拉瀑布上走鋼索，就算在貓的鼻子上架一根平衡桿，也做不到這樣的事；有人會撐竿跳、花式溜冰、專業擊鼓，還有等到發怒的狂牛尖角碰到他的紅色披肩時，才閃躲開來的鬥牛士；有人會跳台滑雪，有人會在空中拋接十個物品，比如雜耍好手拉斯特利（Enrico Rastelli），有人可以一分鐘打三百個字，有人跳踢踏舞，有人在高空鞦韆上表演特技，有人跳西班牙弗朗明哥舞，有人跳蘇菲旋轉舞。潛水採集珍珠的人可以在水中逗留五分鐘，而奧林匹克金牌平衡木體操選手可以爬上梯頂，單手倒立。還有人可以用飛刀射中目標，分毫不差。人的動作與技巧可以挑戰任何人的想像力。請想一想顯微手錶的製作技術，需要顯微鏡才能操作的螺絲，這是多麼精細的動作！你可以自己列出各種可觀、驚人的項目。

這些技巧不是天生就會的，都需要經過學習。我們如何學習呢？我們所說的學習是什麼意思？人的姿勢是如何學習來的？有一些很罕見的例子是人類嬰兒被野生動物撫養，他們大部分時間像猿猴以四肢行走，只能很短暫地半直立。需要學習的事物有可能只學會一半，甚至可能學得很糟，人類形形色色的姿勢也是如此，有些姿勢顯然並不是好的姿勢。我們先前談到大腦是隨著技巧的學習而逐漸發展的，稍後會再談到這個主題。

　　姿勢和態度是如此密切相關，所以許多抱怨自己姿勢不好的人，內心也懷疑自己是不是有什麼根本的錯誤。他們相信如果能「矯正」自己的姿勢，就可以變成更好的人。我相信他們對了一部分，但不全然正確。姿勢只能改善，無法矯正。因為只有完美姿勢的概念才會被視為正確，可是這種姿勢只能存在於完美的大腦與神經系統裡。完美的模型並不存在現實之中，它們或多或少可以被接近，但只是接近，而且有無數接近的方向，就像一個圓可以有無限多的半徑一樣。

摘 要

當選擇被局限於只有單一的動作或行動，而沒有可以替代的選項時，焦慮就會非常巨大，甚至因此無法做出唯一可能的動作。把二十五公分寬的木板放在地上，從一端走到另外一端，你也可以用視覺或動覺來想像自己這樣走過去。然後把木板移到三公尺高的空中，讓它像在地板上一樣得到堅固的支撐，然後爬上去，嘗試從一端走到另一端，像剛才一樣實際做或用想像的，感覺你如何產生焦慮的模式，這種模式和害怕墜落的焦慮有沒有關係？有人學會在樹頂或長竿頂上走路，你會如何做這件事呢？

chapter 5

第五章

焦慮的身體模式

THE BODY PATTERN OF ANXIETY

焦慮也可以是正向、有用的現象，它確保我們的安全，讓我們避開可能危及生存的險境。當內心深處知道自己沒有別的選擇、沒有別的行動方式時，就會焦慮。

跨坐在三公尺高的木板上，兩腿懸盪空中，靠雙手協助，把身體從木板的一端挪到另一端，在沒有選擇的情形下，會讓你無法運用自己的創意想像力，因為焦慮使你只能選擇產生焦慮的選項。

有些事是我們完全無法改變的，中國人永遠不會變成愛斯基摩人。可是，我們仍會有一些改變。生命受到時間的限制，生命是行動的歷程，這個歷程需要內在的自我組織，以配合外在的變化，也影響外在的變化。我們學會從內在組織自己，以面對挑戰或挑戰別人。我們的內在組織在焦慮下會出差錯或有所不足，而產生不良與錯誤的行動，以至於表現不佳。我們的意圖與表現愈是一成不變，效果就愈不好。因為生命是時間的歷程，而時間是不會一成不變的。

如果沒有盡可能深入地學習認識自己，就會讓我們的選擇受到限制。少了選擇的自由，生命就不再那麼甜美。如果眼前看不到選擇，就很難改變，而會退卻，不去處理困難，好像困難是上天注定的。

麥克道格（McDougall）區分出十四種不同的本能：親職、性欲、尋找食物、恐懼或逃跑、戰鬥、建設、好奇、憎惡、求知

欲、吸引力（與親職本能相呼應）、群聚、自我肯定、自我降服和大笑。巴夫洛夫認為還有追尋自由的本能，亦即動物會反抗被綁縛或圈禁在行動受到限制的有限生活空間。

生理學把本能定義為先天、無條件反射作用的複合體，與後天或條件反射區分開來。先天的反射作用是所有動物中樞神經系統的特徵：它們是遺傳來的，所以其形成多半與個體經驗無關。一般談到「本能」的概念時，往往不夠嚴謹，而成為許多錯誤觀念的來源。

不論我們認為本能是什麼，都會觀察到一個明顯的現象：只有一種本能會抑制行動，就是恐懼的本能。動物受到驚嚇時，或是會僵住不動，或是會逃走，不論哪一種情形，都會短暫地停止動作，這種停止動作是對驚嚇的刺激產生的立即反應，全身的屈肌會劇烈收縮，特別是腹部的肌肉，還會暫時停止呼吸，接下來立刻產生一系列血管張力的變化，比如脈搏加快、冒汗，乃至於排尿，甚至排便。

膝蓋的彎曲牽涉到膕繩肌（腿部的曲肌）的收縮。股四頭肌是對抗地心引力的伸肌，也是膕繩肌的拮抗肌，此時的股四頭肌無法有足夠的收縮力量，以至於無法伸直膝蓋。屈肌的收縮會抑制與其拮抗的伸肌（即對抗地心引力的肌肉），所以在一開始的反應結束前，無法移動位置。一開始抑制伸肌時，會出現各種與恐懼伴隨在一起的感覺，乍看之下很奇怪，因為我們會以為這種情形的第一反應應該是讓動物盡可能快速逃離危險。其實不然，當驚嚇的刺激來源太接近或太劇烈時，會引發曲肌的全面收縮，

而曲肌最初的收縮會促使伸肌的伸張反射（stretch reflex）開始運作，而在逃跑時能得到更大的力量。另一方面，一開始的曲肌收縮也讓動物在危險過於接近時，可以僵住不動或裝死。身體所有其他的變動都是血液中腎上腺素濃度增加所造成的，為心臟和其他肌肉可能需要的劇烈活動做好準備。

新生嬰兒對緩慢、輕微的外在刺激其實是不敏感的，剛出生時，對光的作用、噪音、味道甚至中度的捏擰，都沒什麼反應。但如果突然被浸入很冷或很熱的水裡，則會有劇烈反應。如果突然降低高度，或是支撐的力量突然離開，我們會觀察到所有曲肌的劇烈收縮，伴隨著呼吸暫停，接下來就是號啕大哭、脈搏加速，以及全身血管運動作用的混亂，也就是脈搏變化、流汗等等。

新生兒失去支撐力量的反應，與成人受到驚嚇或恐懼時的反應非常相似。這種墜落反應在出生時就存在了，亦即是先天的，不受個人經驗影響，因此可以說墜落反應是一種本能。

達爾文寫了一本小書《人及動物之表情》（The Expression of the Emotions in Man and Animals），雖然有一些不精確之處，但仍是非常重要的書，我認為它早晚會被視為心理學在這方面的第一本可靠著作。這本小書談到各種與動物情緒有關的事實，遠多於許多當代心理學的論著。達爾文在書中描述恐懼的姿態有低頭、俯身、曲膝等等，其實都是站姿下所有曲肌全面收縮的情形。

除了突然改變空間位置之外，新生嬰兒身上不會出現成人恐懼時產生的反應。但當嬰兒聽力開始增進時，也就是出生後大約

三週時，就會對非常響亮的聲音產生這種反應。刺激愈強大，就愈會根據某些生理原則擴散、放射，這是眾所周知的事實，所以手掌被重重捏住時，會反射性地抽回去，如果捏住的力量更大，手掌無法移動時，另一隻手臂就會抽動。如果刺激變得更激烈或巨大時，雙腿和全身都會產生反應。

敏考斯基（M. A. Minkowski）發現人類胚胎的整個神經系統有極度的放射現象，也就是激發點會散播開來。比如刮一下腳板，整個肌肉系統、身軀、頸部和頭部都會有反應。新生兒激發點散播開來的情形也比成人更強烈。非常巨大的聲音會激發第八對顱神經的耳蝸分支，激發的現象會滿溢而出，影響同一條神經的前庭分支。這種放射在成人不是發生於神經，而是神經的第一個轉接站，甚至在更高的中樞。

第八對顱神經在內耳附近分成兩條分支，耳蝸分支與聽覺有關，前庭分支與平衡有關。參考解剖學教科書就知道這兩條分支多麼接近，且相互之間有錯綜複雜的密切連繫。強烈神經衝動的擴散當然不限於第八對顱神經的分支，巨大聲音引起的強烈刺激會擴散到更高部位的上橄欖核（superior olive）而激發第十對顱神經，引發呼吸的暫停。

前庭分支的強烈神經衝動會以同樣的方式擴散到上橄欖核，造成呼吸暫停，這對心臟部位是突然的干擾，正是橫膈膜和心臟部位的這種干擾會被感覺為焦慮。有些人描述這是一種心臟要跳出來的感覺，或是胸骨正下方的部位變得空蕩蕩或寒冷的感覺。

第八對顱神經的前庭分支支配三半規管和耳石的神經，三半

規管會感覺加速時產生的任何變化，耳石則感覺頭部相對於垂直方向的緩慢動作。

所以，被成人解讀為害怕墜落的反應是先天、遺傳的，不需要個人經驗就會運作。任何讓新生嬰兒突然下墜的情形都會引發整套反射作用，被我們視為墜落反應。因此最初的焦慮經驗與第八對顱神經的前庭分支受到刺激有關。

胎兒在子宮就會聽見聲音，子宮裡的聲音並不大，但液體對聲音的傳導比較好。小寶寶對非常巨大的突發聲音會有劇烈的反應，這是少數會影響到他的情形。刺激非常強烈時，會從接收聲音的耳蝸分支擴散到前庭分支，這種噪音必然很容易引發感受，很可能也被感知為疼痛。小寶寶受到驚嚇時，頭部的抽動也會直接刺激三半規管。

耳朵的神經分布方式造成巨大聲音與恐懼感的連結，這也解釋了為什麼許多人會誤以為對巨大聲音的恐懼是第一個無條件的恐懼感。猿類和人類對巨大聲音的恐懼都不具有差別選擇的意涵。新生嬰兒如此無助，以至於母親會持續抱著他，即使他不害怕巨大的聲音，也不會因此較快發生危險。對巨大聲音的恐懼實在很難說是嬰兒早期不可或缺的生物性必需品。

另一方面，棲息在樹上的新生靈長目動物若因意外或大地震而從樹上掉下來，如果因為全身曲肌收縮而使腹部肌肉強烈收縮，以及屏住呼吸，讓胸腔較有韌性，加上頭部前彎而避免碰觸地面，會有較佳的存活機會。如前所述，這不只可以避免頭的後方與地面發生強烈撞擊，也可以確保身體與地面的接觸點是弧度

較大的脊椎部位，大約在下胸椎的部位，或更下面接近身體重心的部位，因此撞擊的力道可以沿著切面轉移到脊椎的結構，往接觸點的兩側轉移，由骨骼、韌帶和肌肉吸收撞擊的力道，而不是直接傳到內臟，造成致命的傷害。我們可以考慮這才是具有差別選擇的因素，而不會產生這種墜落反應的嬰兒就比較沒有繁衍的機會，因此存活下來的物種會具有這種先天的墜落反應。

亞瑟・基斯爵士（Sir Arthur Keith）認為「人類姿勢與體態的最初階段是來自樹上，而不是地上」，有趣的是，我描述的墜落反應可以支持他的觀點。

柔道教導人在摔倒時使用的身體姿態，與嬰兒墜落時引發的姿態完全相同。柔道與合氣道的老師可能就是從上述的描述來解釋初學者以手臂防止摔倒的問題。先天的墜落反應會彎曲雙臂，所以初學者在學會控制並刻意抑制手臂的彎曲前，很容易傷到手肘，他們後來會學到拍打地板，也就是把手臂的動作和墜落引發的曲肌收縮本能模式完全區分開來。以背部墜落，加上頭部和腹部的曲肌收縮，可以讓身體承受相當高處的墜落，並減少傷害。

從墜落反應來解釋小嬰兒的哭泣，也比巨大的聲響更合理。墜落的嬰兒需要立即的保護，並會感到疼痛。巨大聲響之後的哭泣反應，一般說來是沒有必要的，因為母親應該至少會像嬰兒一樣了解聲響的意涵，以及此聲響是否傳遞危險的訊息。

嬰兒在剛出生的前幾週會反射性地抓住任何放到手中的物體，可能也是曲肌收縮的另一種表現，顯示曲肌的收縮在嬰兒期的重要性。觀察年幼的猿類依附在母親毛茸茸胸前的畫面，正強

烈暗示出這一點。

總結來說，先天的恐懼是害怕墜落，接著是解剖結構造成巨大的聲音被感覺為恐懼。第八對顱神經的前庭分支被刺激時，會引發無條件的焦慮感，所有其他的恐懼和焦慮感都是有條件的。所有恐懼和焦慮的基本模式都是第八對顱神經的分支受到激發的情形。對巨大聲音的恐懼不是先天遺傳的，也不是出於本能的。可是，所有正常的嬰兒都會因為解剖結構的接近，而以之為第一個條件反射的恐懼反應。

恐懼與焦慮在此被視為器官和內臟的神經衝動傳導到中樞神經系統的感覺，我們稍後會看到，所有情緒都和傳送到自主神經系統的神經激發有關，或說是與自主神經系統支配的器官、肌肉等等部位送出的神經激發有關。這些神經衝動到達中樞神經系統較高階的中心時，會被感覺為情緒。

佛洛伊德認為焦慮是精神官能症的核心問題，而寫了一本書《抑制、症狀與焦慮》（*Inhibitions, Symptoms and Anxiety*）。保羅・薛爾德（Paul Schilder）發現頭暈也有類似的地位。我引述他的文章如下：

> 前庭結構的機能障礙往往是表現兩種互相衝突的心理傾向：因此，頭暈幾乎可見於每一位精神官能症患者。精神官能症有可能在前庭的層面產生結構上的變化。頭暈是自我層面遇到危險的信號，自我無法運用感官的綜合功能時，就會發生頭暈，但也發生於欲望和努

力無法結合時，相關的運動與姿勢的神經衝動互相衝突的情形。從精神分析的角度來看，頭暈和焦慮是一樣重要的。前庭結構是一種器官，其作用是避免身體形形色色的功能互相分裂。

接下來引述保羅・薛爾德後續的內容，可以看到與我們的主題幾乎是一致的，非常有趣：

> 這種感覺器官會接收只是半意識的印象，導致一種本能而原始類型的動作反應，我們可以預期它對情緒也非常敏感，所以在精神官能症與精神病也扮演重要的角色。由於反應強烈，我們甚至可以預期心理的變化會立刻在前庭的感覺與肌肉張力中表現出來。前庭結構的器質性變化會反應在心理結構，這些變化不但會影響肌肉張力、內臟系統和身體姿態，也必然會改變整個感知結構，甚至改變意識。這些常見的考量顯示前庭結構的研究可能對精神病和精神官能症的認識非常重要。

追溯焦慮的生理來源與基礎之後，就開啓了新的管道，可以改善甚至改變精神官能症的治療。不論是以哪一種形式呈現的焦慮，都必然是出於先天墜落反應的無條件反射透過連續的制約而形成的條件反射。因此任何治療的目標都是消除制約反應，以更適合的反應來取代。所以焦慮會重複發生的特徵或許可以用這種

間接關係來解釋，而不完整的心理治療往往沒有處理身體的神經路徑，所以沒有完全消除條件反射。片斷的治療往往讓間接受到影響的肌肉習性未得改變。以專業術語來說，就是老舊的制約反應仍會逐漸重建或受到強化。

不論這個問題多麼重要，我們的目標卻更為寬廣。我們已看到墜落反應一開始會抑制對抗地心引力的肌肉，而焦慮和這個過程有關。即使是檢視最廣泛的本能清單，除了恐懼，也找不到其他會抑制行動的本能。「能」與「不能」的問題基本上是「做」的問題，也就是肌肉的活動。即使什麼都不做，其實也牽涉到非常複雜的肌肉活動，所以我們可以用全新的眼光看待慢性或習慣性肌肉收縮伴隨的所有現象。因此必須更仔細地研究平衡感涉及的神經機制。無論如何，更仔細地檢視背後的因素，並回答一些相關的疑問，是值得一試的。

有個有趣的問題：攻擊的動物為什麼要高聲咆哮，放棄悄悄接近獵物的優勢？突然製造巨大的聲音有雙重好處，首先，附近突然發生巨大聲音時，會引發墜落反應，也就是曲肌的劇烈收縮，而暫時抑制伸肌。被攻擊的動物在原地暫時無法動彈，相較於奔逃的獵物，讓攻擊者有較佳的機會猛然抓住固定不動的目標。大自然的法則並沒有偏袒哪一個物種，曲肌的強烈收縮有助於引發更強烈的伸肌收縮，因為抑制的狀態愈久，伸肌就愈被伸張，接下來由神經引導與伸張反射引發的爆發性收縮也就愈強烈。攻擊者與獵物各有其優勢。獵者與獵物之間的正常平衡狀態還受其他因素影響，順帶一提，這種平衡會隨著氣候的循環而不

斷有周期性的變化。

咆哮的第二項優點是對咆哮者本身的影響,咆哮時由肺部排出的空氣有助於橫膈膜肌肉的劇烈收縮,並降低激動感。人也是如此,透過腹部的推擠,排出空氣,同時產生低沉的聲音,比如「呵」或「哈」的聲音,比較容易產生較大的力道。

神經系統某一處的激發,如果夠強烈或重複密集發生時,會擴散或放射到附近的中樞,這是眾所周知的事實。達爾文在《人及動物的表情》一書中,舉了許多實例,以下引自「思想家館藏」(Thinker's Library)叢書版本的第八十頁:

> 每當某種原始形式生命的棲息習性成為半陸地生活時,立刻面臨灰塵進入眼睛的情形:如果沒有排出灰塵,就會對附近的神經細胞造成大量的神經性刺激,而促進淚腺的分泌。由於常常發生這種情形,而神經性刺激很快就會形成慣性反應,結果輕微的刺激就足以造成淚液大量分泌。
>
> 一旦透過這種方式或其他方式建立出這種性質的反射動作,成為很容易發生的反應時,眼睛表層的其他刺激物(比如冷風、發炎反應或碰觸眼皮)就也會造成淚液的大量分泌。淚腺也會透過鄰近部位的刺激而有反應,於是當鼻孔被刺鼻的氣味刺激時,即使眼皮緊閉,還是會分泌大量淚液,鼻子受到撞擊時也會有類似的反應,臉部的刺痛也會產生相同的作用。這幾種情形的淚

液分泌都是附帶的結果,並不是眼睛的直接反應。因為臉部的所有這些部位,包括淚腺,都是由同一條神經的分支所支配的,也就是第五對顱神經。一條神經分支被刺激的作用會擴散到其他分支,是很明白易懂的道理。

看太陽為什麼會打噴嚏,傷心為什麼會流淚,還有許多其他的事實,都可以用同樣的方式解釋。轉譯成現代術語就是條件反射,上述引文與我的思路非常相似。

先前談到,嬰兒在聽覺分化之前,也就是在他能區分不同聲音之前,只有很大的聲音才會引發與墜落的刺激相同的反應。即使是學會對常常發生的巨大聲音抑制這種反應的成人,遇到出乎意料的巨大聲音時,仍會出現這種反應。

以下這段話引自史塔林(Starling)的《生理學》(*Physiology*):「聽覺反射⋯⋯依據刺激的力道,反應可能只有眨眼,或是音量較大時,會有眨眼與屏住呼吸。如果更強烈的話,除了上述反應,所有動作也都會暫時停止,至於非常巨大的聲音,就連四肢都可能失去張力,身體可能倒下來。」

貝克西(Békésy)教授關於聽覺的一流研究顯示巨大的聲音會在三半規管產生渦流,其方向會使頭部反射性地向聲音來源傾斜。他在耳朵的模型複製出這種現象。

所以聽覺神經的耳蝸分支的激發會向外放射而產生反應,有如前庭分支受到激發一樣,可說是已被證實了。放射的現象取決於神經突觸的結構與其調節作用。有趣的是,前庭分支的激發

是否也會產生任何聽覺反應?當前庭分支的激發持續時,似乎會暫時抑制聽力,如果有人在談話時突然跌倒或滑倒,在翻正反射(righting reflex)運作的期間,此人對當時的聲音只有模糊不清的印象。

我們已談過,透過一連串制約產生的任何焦慮情結,都是來自聽覺神經的前庭分支感知到的先天墜落反應,這條分支的激活會伴隨一連串的反應:曲肌收縮、呼吸暫停、脈搏加速、冒汗、潮紅,甚至排尿或排便。嬰兒會真的發生多少這些列舉出來的反應,要依據刺激的強度、持續時間,以及突發的程度。即使是最輕微的激活,也會伴隨曲肌的張力增加、呼吸暫停與脈搏加速。大部分情形會發生臉部色澤的變化與冒汗,但可能非常輕微,只有敏銳的觀察者才會察覺。不過,成人會自己意識到這些反應,通常也會學習加以控制和壓抑,不讓這些現象完全表現出來。

我們的思考習慣會忍不住把演化的理由或目的視為某種聰明才智的產物,好像是出於我們自己的理由。事實上,我們有辦法從每一個新的觀點為每一種反射動作找出無數的理由。如果檢視強光照到眼睛時的反射性閉眼,就會發現立即的作用是避免視網膜受到強烈刺激,其次是眼睛保持在低光亮的程度時,瞳孔會擴大,而在重新睜眼時可以辨視正常亮度的物體。如果沒有閉上眼皮,瞳孔會保持收縮,就需要較長的時間才能恢復正常的視覺。每一種反射動作都找得到相同的階段:立即反應會解消或降低刺激的影響,後續作用則通常會消除此反應對有機體造成的困擾,並使之恢復到原初的狀態。

墜落的刺激也會產生類似的反應，使全身的翻正反射開始運作。此處要注意一項重點，橫膈膜和心臟部位的反應所造成的恐懼和焦慮的感覺，其實會因為持續的全身性曲肌收縮而減輕，特別是腹部的曲肌收縮。墜落的身體會收縮曲肌，以避免頭部撞到地面，並讓脊椎拱起而得到強化。同樣的反應在成人身上會產生低頭、俯身、曲膝、暫停呼吸，四肢因此被拉近身體正面，護住柔軟需要保護的部位：睪丸、喉嚨與內臟。這種姿態會提供最佳的保護，並產生安全感。曲肌的收縮持續下去時，有助於恢復正常、未受干擾的狀態。直立的模式會因對抗地心引力的伸肌受到部分抑制而中斷，完全抑制則造成臉朝下跌倒。這種俯身姿態下，從內臟和肌肉傳遞到中樞神經系統的激發或神經衝動，會引發有如置身在子宮裡的安全感、脈搏的平靜，並恢復正常的呼吸。所有大關節都彎曲起來時，血流的阻力會大幅增加，脈搏會降低速度。可是，心臟必須有能力提供額外的收縮力量，以因應突然增加的血流阻力和較高的血壓。事實上，打從一開始，對墜落的恐懼就會在血液中產生額外的腎上腺素，提供心臟所需的收縮力量。

每當一個人欠缺主動抗拒的方法或懷疑自己有這種力量，而回復被動的自我保護時，就會重演這種曲肌收縮的模式，而伸肌（對抗地心引力的肌肉）必然會受到部分的抑制。根據我自己的觀察，所有被分類為內向的人都有一些降低伸肌張力的習慣，而有頭或髖關節異常前傾的情形：轉身時就需要用間接或迂迴的方法，而不是以最簡單而直接的方式。另一方面，外向的人則有較

直立的站姿或步態。

一般說來，從內臟、肌肉和身體傳到中樞系統的每一種神經衝動模式通常都和情緒狀態有關。主動控制的肌肉收縮會對感覺與情緒產生力量感與控制感，事實確是如此。每一種情緒狀態都會對應一種個人化的肌肉收縮制約模式，沒有這種對應，情緒就無從存在。

許多人可以控制自己的生理反應，比如以自我控制的方式預防頭痛，還有許多其他類似的感覺，卻不敢讓人知道，免得被人嘲笑。有些人則把這種過程闡述成心靈控制身體的理論。不論是內向或外向的人，都是先透過控制隨意肌的收縮，而學習控制內臟的功能，他們會形成某種引發幸福感的獨特模式，有助於預防焦慮模式的反覆發生。

我們現在可以了解頸椎和腰椎弧形的過度後彎是如何成為習慣的。我們很少看到小孩的頭部失去平衡，除非解剖結構有異常，否則所有小孩的肌肉控制都較少有自主的障礙，頭會反射性地保持平衡。反覆出現的情緒波動會制約小孩，而採取可以帶來安全感、減輕焦慮的姿態。曲肌的收縮和伸肌的抑制會帶來這種被動式安全感，因此在所有身受情緒困擾的人身上可以觀察到自願而非刻意的指令抑制伸肌的情形，長久下來，就會變成習慣而不自知，然後整個人的形貌都會受到影響，長期受到部分抑制的伸肌會變得無力，髖關節會前彎，頭也向前方傾斜。

反射性直立的模式受到干擾時，神經系統會發出互相衝突的指令。下半身對抗地心引力的機制傾向於把身體帶入正常的有能

狀態，以避免焦慮引發身體前彎的安全模式。於是意識的覺察有時會偏向一方，有時偏向另一方。對抗地心引力的機制因此會持續不斷運作，就像所有已經疲勞的神經功能一樣，它們會開始過度活躍，於是對抗地心引力的伸肌會產生強直收縮，形成像弦一樣的質地。不過，最占優勢的意識控制會妨礙反射性的直立。所以催眠或其他放鬆意識控制的方式會立刻大幅改善直立的姿勢，除非是被關節的結構異常所限制。在此脈絡中，需要清楚區分覺察與意識或自願的不同，其相對面是遺忘或反射。

處於上述不幸境遇的人會生活在意向的理智層面，他們的身體功能全都受到自願的指令所干擾。意識的控制和意志力受到適當的引導時，往往可以有某種程度的改善，然而理智無法取代活力，如果過度用意識控制原本比較適合由反射性與下意識神經活動來處理的工作，其結果就是生活的空虛感、疲憊感，與放棄一切的念頭。意識的控制對整合各種功能，以符合客觀現實的當下環境，是非常重要的。我們應該把讓我們得以成功的內在機制留給神經的自我調節能力。至少就目前對神經系統的知識而言，我們還無法做得更好，不如遵循這些具有最佳適應與成熟樣本的典範，它們不會濫用意識的控制，且具有更豐富的主觀真實。

摘 要

　　不論是當前的外在影響因素,或過去已遺忘的外在世界痛苦經驗,都會引發我們的內在歷程,而改變我們行動的意圖與方式。你就像自己所期望的一樣美好,也當然比你以為的更有創意,可以想出更多的選擇。如果你知道自己正在做「什麼」,甚至知道更重要的,你在行動中「如何」運用自己,就有能力用你想要的方式做事。世界上最重要的忠告是「認識自己」,我相信最初是由一位學會認識**自己**的人說出來的。

chapter 6
第六章

奇妙的大腦

A SECOND LOOK

我到目前所談的,都只是擴大你注意的範圍。也許有人會說我們並不「具有」骨骼、肌肉、腺體、神經系統等等。他們會說,我們「就是」所有這些東西,我也同意。我們稍後會看到語意學並不是吹毛求疵。由於語言文字具有多重意義,錯誤往往會成為習慣,而持久的意義也不見得就表示永遠應該是這個意義。

接下來要更仔細探討先前所談的。我們都知道,剛才列舉的我們自己身上的這些部位,並不是在一開始就如同成人身上的樣子。其實在成人身上,這些部位也仍持續改變,只是速度很慢,似乎沒有什麼改變,所以好像不用在意。但在人生初期的改變速度是極大的,最初的細胞會以細胞分裂的方式倍速成長,所以九個月之後,具有未來成人大約四分之一體型的東西就出生了。這是真的,我們可以從嬰兒的長度來看:從頭頂到腳跟大約五十公分長,初生嬰兒的重量將近四公斤,將來會增加十五到二十倍。如果從細胞分裂的速度和總數量來考慮,就表示總共五十八次細胞分裂中的五十六次必然是在兩歲之前發生的。妊娠第二個月的大腦約有二點六公克,占胚胎重量的百分之四十三。

成人時,大腦重量約有一千五百公克,但只占全身體重的百分之二點四。兩歲時,神經系統大約是最終樣貌的五分之四,成長速度從受孕到早期童年時,會很快地減速,到兩、三歲時,神經系統的大部分功能已經完成發展,只有一些特定的人類功能,比如動作和性還沒有成熟。語言、書寫、算術、音樂,還有語言

和音樂的組合,都仍在發展中。

我們談到骨骼、肌肉、神經系統和不同的環境時,並沒有想到我們考慮的是成人,成人的所有功能均已成長,且成熟度大致相同。所以這個概念是無效的,談到人的時候,這一點比其他任何事都更重要。

了解人在生物構造上是彼此不同的,也很重要。你可以把人身上的一片皮膚移植到他身上的任何部位,兩個傷口都會癒合,沒有問題。但把任何東西從一個人身上移植到另一個人身上時,除非用人為的方式降低他的免疫力,或是同卵雙生子之間的移植,否則對移植物產生的排斥作用可能會害死接受者。

大腦各部位的相對大小,在不同人身上也有很大的差異,我們的生物構造就像指紋一樣,非常個人化。成人的所有功能大致相同的說法,是非常誤導的;事實上,我們的許多常識都是依據不合理的假設,一點也不理性。人與人之間有許多相似性,但也有個別化的行為方式、動作、感受與感覺,讓每一個體都成為獨特的人,而我的工作就是必須以他的獨特性來對待他,以幫助他。

科學家可能會說,我們若想適切地思考任何東西,就必須知道這東西存在哪裡(特殊的地點或坐標系統),以及它發生在什麼時候(時間的參考系統)。骨骼、肌肉、神經系統與環境,對精子與卵子、六週大的胎兒和初生嬰兒,顯然在每一刻都是非常不同的。我們每隔一分鐘就變得不一樣,但可以選擇規律的間隔來加以評估。

合乎理性也不見得是好事。我曾嘗試根據不會引起異議的方式推理，卻在重讀最後幾句話時，透過我的思考，發現它只是合理的廢話，就像任何人的合理廢話一樣。我會在本章最後一段提出較尖銳的觀點。科學家想要的條件是讓別人在不同時間的其他地方，可以輕易檢視結論，這個期待很正確，但這種方法要如何用在只發生一次且彼此雖然相似卻絕不相同的胚胎和胎兒身上呢？我的成長與你的成長有許多共同點，我們不只是非常相似，也在許多小細節方面非常不同，因此我們可以成為統計調查的元素。可是，當下就有一項差異是不能忽略的：我在書寫，而你在閱讀。還有其他更重要的差異導因於我們的環境（社會、經濟、種族、時間），還有教育、職業、姿勢、興趣、態度，以及許許多多其他影響因素。簡言之，僅憑分析，仍不足以描述研究背後存在的現象，必須考慮綜合的過程與成長的歷史。分析可以指出共通的形貌，但從整體來看，卻會顯示出他們如何長成不同的人。

　　活的有機體是功能運作的結構，功能會形成結構，而結構也是功能運作的一部分，與人造的機器不同。成長過程中，功能與結構會互相影響，因此判斷真或偽的因果關係只能做為參考。但即使更嚴格地運用我的論點，停下來選一段期間來評估，也會把動態、持續變化的過程轉成一系列靜態的步驟或事件，我們會逐漸過於重視靜態的現象，往往讓成長的歷程與功能運作的歷程受到極度的忽視，以至於扭曲了研究，使之變得晦澀難解。我們會變得如此不確定，以至於需要許多技倆來減輕懷疑、不安與恐懼

第六章　奇妙的大腦

的痛苦。

你的大腦和我的大腦都有很長的歷史。我們的神經系統具有最複雜的結構，最裡層是發展非常古老的層面，往外是發展較不古老的層面，最外層是較晚近發展的層面，每一個較新的層面都是由作用更精細的結構組成。愈古老的層面就愈原始，以全有或全無的方式突然表現。較新的每一層面會控制比它古老的層面，並取而代之。組成愈新的層面，其功能也愈精細，其行動會分出更多層次的變化，較為分化。較古老結構的作用比較迅速可靠，需要的學習期較短。較新的層面會在需要時關閉自己，讓先前較迅速可靠的結構接管，以確保生存。一旦緊急狀況結束，較精細也較多樣化的較新部位就會再次接管。古老的結構並沒有被破壞，只是沉潛下來，較不明顯，卻是緊急時不可或缺的部分。任何無法輕鬆面對的處境都會引發退化，也就是由較古老的結構接管。神經結構愈新的部位，其速度也愈慢。多層次的變化與多樣性是需要時間與練習期的，才能衡量利弊得失，深思熟慮、做出選擇。

踩到香蕉皮滑倒時，如果無法在倒下前完成系統的校正，就可能危及有機體的安全。只有較古老的層面可以不經思考、猶豫和決定的過程，就有效處理這種情形，因為這種情形沒有可供思考、決定的時間。一旦恢復平衡，我們就有餘裕思考、衡量，也許決定更常清掃人行道上的香蕉皮，但如果沒有香蕉皮絆倒我們，就沒有校正反應，也不會想到合乎邏輯的清掃。古老的校正結構必須在幾分之一秒內運作，而較新的結構則需要耗費更多時

間。神經系統的運作方式類似我們的社會結構，較古老的照明方法有蠟燭或煤油燈，甚至還有更古老的方法，我們會將之放在家中某處，但只要有電力，就不會去使用它們。可是一旦停電較長的時間，就會退回去使用蠟燭和煤油燈。

　　胎兒的成長是從最古老的結構開始，然後沿著演化階段快速進行，不過很少完全按照時間順序。胎兒早期時的下顎看起來就像魚鰓；小腦的中心纖維束則與橫向位置的脊椎相應，因為動作會以順時針或逆時針方向圍繞著脊椎旋轉或滾動。新生兒會漸漸翻轉成趴姿，再轉回以背部平躺的姿勢。在大腦與小腦發展較晚近的結構成熟到可以組織這種複雜動作或其他更複雜動作之前，魚的古老遺跡都會確保嬰兒可以進行這種類似魚的橫向滾動。嚴重退化的人會回復到只能做平躺姿勢和側向翻滾的動作。小腦完全成熟時，與站立、姿勢和平衡有關。這裡只是舉例說明原則，並不是描述精確的過程。無論如何，以脊椎為軸心的轉動，比如轉向左側或右側，顯然是直立身體最常見的動作，不過後來大部分是由頭以及頭部讓我們與距離和空間產生關係的感覺器官，在轉向右側與左側時扮演主要的角色。

　　我最早是在第二次世界大戰期間開始運用個人操作技巧「功能整合」與團體技巧「動中覺察」，那時就會在整堂課中只做身體的一側，讓另一側保持被動或不動。我想在神經結構製造出最大的感覺差異，也促使我們覺察動覺的差異。我認為大腦某一側及與之相應的身體那一側所產生的新而不同的經驗，會慢慢擴散到另一側。這個人會有好幾個小時感覺到右側與左側的動作與表

現是不同的,因此直接在自己的大腦裡,從內在的自我來學習,然後根據自己的感受和判斷,把學習到的較佳模式轉移到另一側大腦。我的朋友雅各‧布羅諾斯基(Jacob Bronowski)因《文明的躍昇》(*The Ascent of Man*)而知名,他對於我發現新的一側大腦會向另一側已受影響的大腦學習,而不會反過來的情形,做出這樣的解釋:動物的內在感受如果不會偏好或趨向最佳狀況,就無法存活。基於同樣的理由,他也主張掠食性動物隨機移動,比較容易找到獵物,若非如此,掠食性動物將無法存活。他相信看起來隨機的行動其實是神經系統產生的,會使發生的機率略高於純屬運氣的一半機會。同樣的理由也讓被捕食的動物在隨機移動中找到水喝。有趣的是,他相信你在清早出門時,如果覺得應該帶雨衣的話,當天下雨的可能性會比較高。

我開始運用這種只做單側的技巧時,完全不知道大腦的兩個半球具有不同性質的新近發現。由於我常常先做一側,下次做另一側,而發現有些學習在右側比較容易,有些則是左側比較容易。當我了解所有學習到的、純屬人類才有的活動,比如說話、閱讀、書寫、數學,主要都是左大腦半球的功能時,真是讓我難忘的一刻。對於動作細節的處理,如果只做右側(我慣用右手),然後在腦海中用想像的方式,把這種學習轉到左側,會比較容易。這種方式可以只用大約五分之一的時間就讓左側明顯進步。此外,左側甚至會比起初辛苦學習的右側更流暢而輕鬆。我也常常從左側開始,逐漸增加動作,然後在右側用想像的方式進行。選擇不同側時,確實會有差異,但差異沒有很明顯。大部分

學生感覺不到差異,除非他的敏銳度已大幅提升。

chapter 7
第七章

主觀真實與客觀真實

SUBJECTIVE AND OBJECTIVE REALITY

「真實」這個字眼就像許多其他美好的字眼一樣，是為了滿足我們持續不斷的好奇心而創造的。當我們沒有方法可以「真正」滿足好奇心時，就會把我們的所有動覺都混在一起，用一個字眼表現它們，而把它們帶入意識。說出這個字眼，或是看見、聽到，甚至只是內心感受到這個字眼，都能激起好奇心，但能將之表現成令人滿意的行為時，我們也會以相同的方式不再好奇。

一般說來，我們談到真實時，是指事物的原貌，或指存在的事物；所以不是想像出來的，也不是不存在的事物。我們通常在看見或聽到熟悉的語詞和表述時，就有大略的了解，但若深入追究，又會懷疑我們的了解是否正確。想像的事物是否存在呢？存在的意思是什麼？只有真實的事物才是存在的嗎？若是如此，什麼是真實的呢？只有用感官探索的事物才是真實的嗎？我發現很輕易就可以讓任何敘述都變得模糊、不清楚，或完全是同義複述的贅言。牛津字典把「真實的」定義為「像事物一樣真正存在的」或「像事實一樣發生的」。那麼，想像是不是事實、真實呢？或是想像就只應該是想像中存在的事實？這些疑問好像只是在吹毛求疵，但當我投入重要的活動時，我覺得自己確實在吹毛求疵。無論如何，這是非常重要的議題，因為它關係到我們是否知道自己所說的「知道」是什麼意思，是否知道什麼是真實、什麼是客觀，而什麼不是。更重要的是，它對你我是否重要？如果重要的話，是以什麼方式而重要？我讓自己滿意的解決方式是注

意我在做什麼,並考慮其中牽涉到的行動。我將之還原到本質,然後看看對於被我稱為行動的動作,可以有什麼更多的發現?這種事是我也可以去感受或感覺到的。動作、感覺、感受和思考共同形成了我,以及我正在處理的事物,這些都是具體而真實到我能去經驗的。若想更具體的話,就要去了解我移動、感覺、感受和思考的能力是如何隨著我的成長而發展成現在運用它們的方式。除此之外,對於我無法與之建立感覺方面的接觸或分享我感覺的人,我的思考就會變成一種過於模糊而無法分享的感覺。

我相信新生嬰兒完全不熟悉自己以外的世界。我說我相信,但我無法確知是不是真的如此。可是,從理論的基礎來看(若更嚴謹一點,應該說是從理論的推測來看),我預期新生嬰兒在身體突然降低位置時的反應會是全身曲肌收縮、屏住呼吸(如果他已能呼吸)、脈搏加速、身體潮濕(如果他已被擦乾)。我確信耳朵前庭結構的演化已達到的程度是,當小嬰兒墜落,特別是從樹上墜落的話,如果神經系統還沒有內建的墜落反應,就無法存活。這表示耳內三半規管受到強烈刺激時,墜落的身體會強烈收縮,讓頭的背部不會碰撞地面,撞擊點會在拱起的脊椎某處,接近身體重心的位置。從三公尺或甚至更高處墜落時,身體可能多少會受到傷害,但有較高的存活機會,甚至幾乎沒有受傷。

我們發現有些事是新生嬰兒本就熟悉的;欠缺深思熟慮的人在乍看之下可能覺得這些事毫無意義。但別忘了,母親和其體內的一切都受到地心引力的拉力影響,胎兒浸泡在母親體液的保護時,就經歷到這種拉力。甚至可能有某種知識是透過基因傳遞

的。演化給予其他動物許多這種有用的技能,祖先的學習改善了現代後裔的生存方法。但人只有很少數來自先人的有用禮物,可以在出生時就加以運用,不過,人遺傳了最有用的技能:建立自身技能的能力。每一個人都有能力透過親身的經驗,在自己的環境中,得到成功存活所需要的方法。

除了這種對外在世界(或內在世界)出乎意料的熟悉度之外,小嬰兒出生時還會感覺到碰觸、冷熱、乾濕,聽見大的聲音,並具有某種程度的視力,但我相信他對外在世界幾乎沒有其他實用的知識。每當我聽見自己出於習慣說了什麼話,比如先前那段話,就覺得自己像機器一樣思考,雖然可能是台聰明的機器。

不論你是否相信,也不管你是否喜歡,新生嬰兒已有相當多聽覺經驗,他已聽過把生命輸送給他的規律心跳,他能辨識打噴嚏和咳嗽的聲音,也聽過各種咕嚕作響的聲音。山達基(Scientology)信徒和以前的戴尼提(Dianetics)信徒會告訴你還有其他可能的聲音,但你用想像的就可以列出更多即使是國王和諾貝爾獎得主也會發出的聲音。沒錯,出於思考和語言的習慣,我犯了一個大錯;我應該說女王和諾貝爾獎女得主。我們的言語是如此機械化、充斥習慣,如果言語就是思想的話,我們都應該感到汗顏,我也不例外。

我認為新生嬰兒大部分是透過大腦的感覺皮質來經驗外在世界,他最初只知道感覺的主觀真實,這是美好的真實。它會伴隨著全能的感覺,不管願意或不願意,他的餘生都必然看見這種感

覺會愈來愈縮減。運氣好的話,它不會轉成負向的感覺,但很少有人能避免讓一部分的它轉成自卑感。一開始,新生兒周圍的每一個人都關心他的福祉,不論是一陣哭泣或一個不滿意的動作,都會牽動周遭的一切與每一個人,而看見自己的所有需求是被承認的。

主觀真實是我們的情緒、心理和身體的福祉中,最早出現、最豐富也最重要的因素。它就像我們的身體與遺傳一樣美好。嬰兒當然會逐漸成長,千萬不要忘記,他的感官並不是只從身體之外取得資訊,其實從最早期的階段開始,他就被生命內在的物質需求所推動,神經系統、腺體的平衡、消化組織、清潔器官、皮膚、排便和排尿,都提供大量的感覺刺激,遠遠超出我們平常所以為的。

肢體和眼睛的動作漸漸變得愈來愈有趣,這是必然的情形,而且會占據大部分的清醒狀態。近幾十年有大量的嬰兒觀察,經過交叉核對也愈來愈可靠。1947 年,當我撰寫《身體與成熟的行為》時,還找不到多少關於嬰兒在出生時、三週大和後續其他年齡時眼睛狀態的資料。他們會看向無盡的遠方嗎?雙眼能同時向中間靠攏嗎?我們看近的東西時,眼球會向中間靠攏,看遠時,眼球的軸線則幾乎是平行的。墜落反應在出生幾分鐘之後就被確實觀察到,從我最初開始研究以來,基於我的好奇心和未經訓練的業餘觀察,已累積了可觀又可靠的知識。

觀察嬰兒就好像閱讀所有關於成長與學習的故事一樣迷人。觀察他們如何變得有能力進行早期還不太具有意向的曲肌收縮,

學習滾動到身體一側,然後翻成趴著的姿勢,以及在趴姿下,背部的伸肌如何強壯到足以把頭抬起來。趴姿抬頭的情形完全不同於任何其他抬高身體部位的練習。抬頭時,背部肌肉會強而有力地收縮,直到眼睛能向前方看著未來的視平線:頭抬起來才能讓臉處於將來站立時的位置。看看你的家族相簿,也許會發現相片中你自己當年抬頭的樣子比現在好看多了。

耳朵的耳石構造是細小的鬢毛,鬢毛的末端有小石頭,在完全垂直時會產生最大的神經衝動。我相信耳石負責固定頭部,好讓眼睛可以用最舒適的方式看視平線。我也相信在頭下腳上脫離胎兒世界、進入嬰兒世界之前,嬰兒的頭朝著下方轉身的期間,足夠讓耳石產生最大與最小的刺激。這有點像校正電子測量設備時,要先讓指針確實歸零,好使它讀取的數值在整個測量範圍內都是正確的。

我再說一次(我相信這是真的,但我不確知它真是如此;即使如此,倘若結果發現它只是個不錯的猜測,我會非常驚訝),四十年來,我觀察過許多姿勢不良的人(我所謂的姿勢不良,也是指欠缺組織良好的意向動作),常常發現「耳石校正期」會因為環境而大幅縮短。

主觀真實會逐漸被一種慢慢長大的特殊綜合感覺所取代,就是周遭的人讚許或責備的感覺。父母、老師、訪客會說「好孩子」,或是帶著相應的扭曲表情說「啊,不可以」。一直到成人期,這種情形會愈來愈影響新的學習,他會發現,為他供應各種需求的人,最主要是提供即時照顧與情感而讓他得到安全感的

人，並不接納他某些最珍貴的主觀真實。他逐漸學會只有一小部分的主觀真實可以向別人分享，或是更好的說法，小嬰兒只會知道別人認可的部分。每當不被贊同時，我們比較容易覺察到不被贊同，而逐漸覺察不到被縮減的內在生命的整體性。

全能感仍然存在，但不被感知，且會以完全無法理解的方式受到磨損。小寶寶高興地站在椅子上，抓住椅背前後搖晃，擔心的父母會覺得危險而制止，他們會用不尋常的力道抓住小孩，以最權威的方式禁止這種事，但事實上，很少有嬰兒因為這樣而傷到自己，天生的墜落恐懼會抑制搖晃的幅度，或是最終跌倒而不再這樣玩，只受到一點驚嚇或一點小傷。可是旁觀者無法忍受看到可能讓頭撞到石頭地板的行為，特別是有可能嚴重受傷甚至內出血的情形，即使如此，這時關心的並不是教育小孩的方法，而是關心客觀真實。客觀真實會逐漸增加，侵蝕主觀真實，而且在這個過程中，想嘗試每一件事的好奇心（我們將之解釋為全能感），也會被削弱。

從這個角度來看，我們最終在周遭所有成人身上發現的所有行為與觀念，會形成我們所有人的客觀真實。因此，客觀真實必然是整個主觀真實的一部分，這個部分得以不受干擾、順利成長，純粹是因為運氣好，因為家長不知道「如何」干涉這個部分。主觀真實就像我們的生物結構一樣美好，客觀真實則顯示出我們的成長，成為人類社會的一份子、文化或甚至文明的一部分。我們的客觀真實由我們在社會環境的行為所反映，是心智健全與否的測度標準。假設我說我喜歡或厭惡巴哈的音樂，一般人

如果不是流行音樂迷，可能會認為我有很好的音樂品味，或覺得我完全不懂音樂，視情況而定。我和我的判斷所處理的品味是主觀的事情，純屬私事。希伯來古諺談到，關於口味與氣味，沒什麼好爭論的。但假如是另一種情形，我堅持自己就是巴哈（更常見的是拿破崙，有時是耶穌基督），並要求你把我當巴哈來對待，這種行為如果持續很長的期間，我就會被關起來。對客觀真實是否能心照不宣地贊同，是測度你我的神智是否正常的方法。如果我們違背、反駁、觸犯了社會從我們的主觀真實截取出來的真實，就會被懷疑是不是那個社會中神智健全的一份子。我們可以由此瞥見一項有效的方法，可以處理社會排斥的人，但此刻還無法清楚看見有效的方法。向內檢視自己時，通常可以在自己裡面發現幾許因為害怕被人認為精神失常而壓抑下來的行為，因為即使是現在，對大數人而言，精神失常就表示疾病或大腦的缺陷。

我重複說了好幾次，客觀真實只是主觀真實的一部分。我花了很長時間和很多力氣才得到這個結論，也看見這個結論的實用性。由於沒有更簡單的出路，我們相信演化，視之為看待生命與自己的方式中，最被證實與可接受的方法，認為是宇宙整體架構的正確觀點。目前還沒有比演化理論更好的路徑與方法，可以從事物的整體架構來看待生命。一直有反對者認為自己已在這個理論中找到新的瑕疵，但從整體來看，這個理論一直在改善，而普遍被接受為可靠的理論。

前面談到的主觀真實與客觀真實，並不是容易消化的觀念。

我曾一再重新思考這個問題。所有哺乳動物神經系統的演化都顯示主觀真實的世界遠大於客觀真實的世界，從神經系統的結構來看，這是清楚可見的。

神經細胞的數量通常被估計為 3×10^{10}。我們對客觀真實的認識是透過感官：聽、看、聞、嚐、碰觸、冷熱、乾濕。我們會以為，把外在環境（我們輕易地視之為真實）的資訊告知我們的神經元數量應該占整個系統全部神經元數量中相當大的比例。事實如下：每隻耳朵的基底膜有大約一萬個神經細胞，兩耳共約兩萬個。當然了，耳內還有許多其他的細胞，但很難說它們是內在活動的一部分，或只是分析外來聲音的資訊，為了保險起見，就算有五萬個細胞好了。視網膜大約有十五萬個錐細胞、柱細胞和其他細胞，兩眼總共三十萬個。鼻子的神經細胞很貧乏，但舌頭有豐富的神經支配，主要在舌尖和舌緣；不管怎麼估算，鼻子和舌頭加起來不會超過五萬個神經細胞。至於身體，手指有大量的神經分布，但下背部則要每隔四到五公分才有一個神經末梢。身體表面積大約是一千平方公分，神經分布的密度平均是每平方公分有十個，總數約一萬，但我們算兩萬五千個好了，因為我不想太嚴格。至此的總數是六十二萬五千，我同意放寬到三百萬個，甚至誇張到三千萬好了，所以在 3×10^{10} 中，至多只有 3×10^{7} 個神經細胞是用來向我們的內在傳達外在世界的訊息，也就是每一千個細胞中不到一個細胞是用來操縱、分析和整合外在資料，或是用來做神經系統在做的任何事。你可能覺得以下述方式描述，比較容易同意我的觀點，就是每一千個細胞只有一個是把客

觀眞實的資訊帶進來，而主觀眞實遠比客觀眞實更爲豐富、複雜。

我們可以輕易想像完全沒有活物的地球。事實上，我們知道地球的大氣層曾經是沒有氧氣的，當時的放射線遠比我們今日使用的 X 光更不利於生存，讓生命無法存在。直到有一天，出於一連串的偶然或是誰的錯誤，有了可以過濾有害放射線的大氣層，放射線大部分被吸收或是發生別的情形，讓地球上的生命成爲可能。換句話說，有一種絕對眞實，從中生出主觀的母親眞實——九個月，與客觀的父親眞實——幾分鐘。

這種宇宙的絕對眞實是如此巨大而難以認識，我們至多只能瞥見幾許吉光片羽。我們必須成爲詩人、數學家、音樂家和哲學家，才能稍稍領會什麼是巨大、範圍、物質、能量或期間，這些都遠超過我們的想像，更別說是理解了。我們的知識來自許多最優秀的大腦如此多的努力，但只能用來顯示我們對這種絕對眞實的無知，這也是我們未來的挑戰。

摘 要

　　我相信人類的未來會更美好，也更有趣，甚至超過科學（人類最有力的工具）已提供並讓我們相信的事。今日，「真實」這個字眼只是外在歷程與內在歷程的總合，我們並沒有懷疑這些歷程是我們可以改變的。

chapter 8
第八章

動中覺察

AWARENESS THROUGH MOVEMENT

中國古諺有云:「聽見的會忘記,看過才會記住,做了才能了解。」[1]

就像所有諺語一樣,這句話並非全然正確,但其中蘊含智慧。我們並不會忘記聽見的每一件事,也不會記住看見的每一件事。但我確實相信我們對自己可以去做的事會有最佳的了解,可是我有「障礙」、「畏懼」、「心結」、「壓抑」和「強迫」,讓我受到限制,去做一些沒有其他選擇、沒有出路的重複模式。我的了解與我能做什麼事有關。我不了解為什麼我因為愛某人而覺得自己無能;我不了解自己為什麼沮喪;我也不了解今天為什麼充滿活力又愉快。所以,即使去做,也不保證絕對了解。那麼,什麼才可以呢?解決「絕對」的問題,你就可能有更好的了解。

我因為膝蓋的問題開始在自己身上工作時,更正確的說法是我開始和自己一起工作時,並沒有區分一對一操作方式的「功能整合」與團體工作方式的「動中覺察」,我那時並不了解兩者的差異,而將之混在一起。不過,我逐漸發現要向別人說明我在自己身上所做的事,並不單純,當然也不容易。其實我無意向別人說明,但一位同事(物理學家)要求參與,於是我必須向人分

---

[1] 譯註:出處不可考,或謂出於漢,劉向,《說苑・政理》:「夫耳聞之,不如目見之;目見之,不如足踐之。」

享我的經驗。模仿無法滿足他，因為他不知道如何觀察、觀察哪裡，也無法分辨什麼是精華所在、什麼只是瑣碎的細節。他的問題愈多，我就愈討厭他在我身邊出現；我對自己無法以簡單幾句話準確解釋自己所做的事，感到惱怒。我發現必須回到自己的過去，找出我自我導向、推理的方式，以及後來的感受，這些是推動我去做這些事的力量。我很不願意浪費時間、讓自己惱怒；我不喜歡他的盤問，也不喜歡自己因為無能的感覺而討厭他。

由於我在自己身上的工作像是一種自我觀察，而自我檢視牽涉到好壞的判斷。我的困擾是必須檢視自己，然而我自己一個人時，可以就只是觀察自己，好像觀察一個在做事、移動的對象。我非常專注於觀察自己如何進行一項動作，甚於對動作內容的興趣。我認為這才是我膝蓋問題的重點所在，我會重複腿的某個動作數百次，加以觀察；我可以連續幾星期行走自如，然後在做我以為是完全相同的動作時，突然又把整件事搞砸。顯然這個動作與先前動作的做法是不同的，所以我認為，如何做動作比做了什麼動作更為重要。

當有人對我在自己身上所做的事，分享他的感受時，就好像把石頭丟入水池，攪亂寧靜的水面。至此，我清楚看見自己在處理的是自我導向的歷程，每一個特殊動作的重要性都只在於是否闡明這個歷程。以我的例子而言，這個歷程顯然並不完美，所以在別人身上很可能也不完美。由於我沒有遺傳的缺陷，我的膝蓋原本有一、二十年的時間是沒有問題的，所以需要探討的就只是我舊有的自我導向歷程是如何學習到的。沒有人在一生下來就有

能力展現成人的動作，大家都必須在成長過程中學習。因此，我必須以成人的身分重新學習以前沒有學好的東西。我必須向我的同事分享的是學習如何學習。我並不是老師，不過，他必須學習的是我如何去做他所看到我在做的事。

我開始讓他了解，「學習」與「做」是非常不同的。生活中，行為的完成必須有準確的速度、恰當的時機、適切的力道。少了任何條件，都會造成損害，導致失敗，讓行為無法達到其目標。達成目標的意圖本身也可視為條件之一。想要的目標可能只是為了移動而移動，或是為了跳舞而跳舞。然而，所有這些在生活中得到成功結果的條件都是學習的障礙。這些條件並沒有在人生最初的兩、三年之中運作，而那段時間才是建立學習基礎的時候。

為了學習得以成功，我們必須以自己的速度進行。小嬰兒會以自己的速度笨拙地重複每一個新奇的動作，直到他覺得夠了為止。當意向與意向的實現好像只是一個行動的表現，感覺這個行動好像只是意向時，就會覺得夠了。

成人學習打網球、高爾夫球或任何其他東西時，會反覆練習到他覺得自己的成就可以得到別人的肯定，或是實際獲勝而引起別人的肯定。小嬰兒亦然，然而成人不知道什麼是適合小孩的學習速度，成人的讚賞會被扭曲，變成強加於小孩身上的「正常」學習速度。兒童期的生活，不論是在家裡或在學校，與手足或其他小孩在一起時，家長和老師都會試圖強迫小孩像自己以前一樣，用不屬於自己的速度來學習，他很可能會一輩子都在努力達

到這個速度。

「動中覺察」的學習會以非常緩慢的速度進行，慢到讓你可以發現自己的學習速度，不會因為自己雄心壯志的要求，或別人不同速度的影響，而做得超過自己可以的速度。「動中覺察」的課程中，每一個人都可以隨時停下來消化動作的觀念，輕鬆自在地熟悉新奇的狀況。你有足夠的時間去感知、整理自己，照你想要的次數重複動作。沒有哨聲，沒有節拍器，不會使用固定的節奏，也沒有音樂或打鼓。你可以慢慢學習，依據你的身體結構，找到自己本然的節奏。每一個身體都有自己的振盪速度，像鐘擺一樣。逐漸熟悉動作之後，移動的速度會加快，力道也是如此，這也許不是不證自明的事，但確實如此。緩慢的速度是必要的，才能發現多餘不必要的用力，也發現自己是否減少了這種用力。行動中多餘的部分，比不足的部分更糟糕，因為它會讓我們白費力氣。學習時因太用力而產生的快速行動，反而會造成困惑，使學習變得不愉快，產生不必要的疲累感。

學習必須是愉快的，也必須是輕鬆的，這兩點會讓呼吸變得單純，否則學到的東西很難成為自發的習慣。「動中覺察」的課程中，你可以讓不可能的成為可能，然後變得容易、舒適、愉快，最後得到美感上的愉悅。我相信比較重要的是得到學習新技巧的方法，而不是非凡技巧的本身；新的技巧只是你專注學習附帶的有用回報。你會覺得自己真正領會了技巧，這會幫助你建立自信。

若想達到正確的動作，一開始要先考慮的是較好的動作，

而不是正確的動作;因為正確的動作已沒有發展的空間。好幾屆奧林匹克運動會都認為跳高達到二百〇四公分是金牌選手的正確目標,只要這被視為正確,就算是超級選手如歐文斯(Owens)之流的人,也無法超越這個目標。現在則需要跳過二百二十公分才能進入決賽,甚至要二百三十公分。較好表示還可以進步,正確則表示永遠受到這個限制。歷史上偉大的跑者如尼爾米(Nurmi)與拉杜梅克(Ladoumegue),現在恐怕連半準決賽都進不了。我不是在玩文字遊戲,請想像下列兩種情形的心態,一種是你覺得自己沒有達到最好的結果,但還可以再努力一點;另一種心態是經過最大的努力之後,並沒有達到你的目標,因此覺得氣餒,認為自己不夠好。第一種情形會有繼續嘗試的渴望,第二種則不會。

我在「動中覺察」課程中,會從動作的細部成分開始,有時某個部分的動作可以多達二十幾種變化。初期的動作元素通常不一定會讓人想到最後要做的動作是什麼。在這種方式中,每一個人都很輕鬆,不會急著要有什麼成果。這一點與主流的教育方法相反,主流教育往往不顧更好的判斷,一味要求努力得到成功和成就。當我們把注意力轉移至實現的方法,而不是成功的欲望時,學習的過程會比較輕鬆、平靜,且更快速。若是為了達到目標而很努力,反而會降低學習的動力,但如果採用我們的方法,從動作的層次著手,就可以改善行動的方式,最後達到更高的層次。

學習時,不要有必須正確的意圖,不要想去做好或做到滿

第八章　動中覺察

意,不要急,因為這種態度會製造混亂;而要慢慢進行,使用的力量不要超過你需要的力道,寧可用更小的力量。不要過度集中注意力,因為集中注意力的意思就是不看四周。生活中,集中注意力有時是有用的原則,但在學習時,注意力必須輪流導向背景與前景,你必須先看見一棵一棵的樹,然後也看見整個樹林。熟悉前景與背景之間的轉換,才能同時感知兩者而沒有任何困擾,也不會為了得到效果而過度用力。去除無用的累贅動作,比一味努力去做更為有效。不要太嚴肅、不必急,也不用避免錯誤。「動中覺察」這種類型的學習是各種愉悅感覺的來源,如果有任何東西會削減樂趣,就會影響這些愉悅感。

　　學習時,即使只是完全模仿,也不可能避免犯錯;學習意味著了解未知。任何行動都可能導向未知,如果你一開始就排除看似錯誤的可能性,很可能也讓學習變得索然無味。當我們知道什麼是正確時,可以排除錯誤,但如果已經知道什麼是正確的,就也失去進一步學習的可能。單純的重複或練習,雖然會讓我們得到某種成果,但「動中覺察」是讓人認識自己,也認識自己裡面原本未被發現的資源。所以,不要逃避犯錯,而是把錯誤當成不同的選項,取代你認為的正確,它們的角色可能很快就會互相交換。

　　我使用「覺察」這個字眼時,是指有意識的認識,不同於單純的意識。我很熟悉自己的房子和書房,但我沒有覺察回家時必須爬幾層階梯,多年來我意識到自己離開家又回到家,但不知道房前有幾級階梯。如果我有一次去注意,數算動作的次數,比如

眼睛的飄移,以及頭、手臂和腿隨著眼睛的飄移而做的動作,那麼我就覺察到以前僅僅意識到的爬階梯。一旦我意識到自己的注意力如何從一階移到另一階,就是在覺察它們,我也會知道它們的數目。同樣的思路也可以應用到我的書房。我用「覺察」來表示比單純的意識更多的認識,比如我一輩子幾乎都意識到自己可以吞嚥,卻沒有覺察自己是如何吞嚥的。沒有人覺察到自己是如何吞嚥的。

談到覺察,我發現即使是我的學生,也常常誤以為我要他們只要醒著就要隨時覺察自己的所有行動。我自身學習的強化是開始覺察右腳掌離開地面時,必須預先移動右側髖關節,即使只是提早一眨眼的工夫,意即我必須把大部分重量轉移到左側。我一旦學會這種新的走路方式,就會成為半自動的過程;即使如此,這種很好的走路方式只要受到一絲干擾,也會引發我的覺察,而加以控制。以我自己為例,我學會可以用兩隻受損的膝蓋去做幾乎每一件事,只因為我在做出無法挽回且有缺陷的動作前,會去覺察自己要做的事,以及我會如何去做。但在一般情況下,我大部分時間仍像學會覺察如何用受損的膝蓋走路之前一樣,單純地走路,我不會在每次爬樓梯回家時都計算有幾層階梯,由於我的覺察給予我的自由,讓我能擁有這種餘裕。

學習繪畫、彈奏樂器或解決數學問題的過程中,都可以找到類似「動中覺察」的程序。畫家站在畫架前,手上拿著鉛筆、碳筆或畫筆,看著他必須在畫紙或畫布上複製的臉孔或景象。他凝視著臉孔和畫紙,斟酌手掌的重量,放掉手掌的力量,這讓他

有把握畫出所看到的東西。然而，為了複製眼前的東西，他必須一次又一次凝視它，直到充分覺察自己看到什麼，臉型是橢圓的嗎？眼睛靠近臉的外緣，還是比較接近中心？諸如此類。他學習「動中覺察」後，就能注意並發現自己在吸氣、吐氣還是憋氣時，畫得更好、更流暢。這種透過動作或在移動時的覺察，最終會讓畫家可以自然而不費任何力氣地觀看與作畫。在行動中，也就是動作中，自我觀察所花費的時間，相較於優秀、流暢的效果，可說是微不足道的付出。

小提琴家、演員、作家或任何什麼人，如果不知道要在行動或生活功能中覺察如何引導自己的重要性，就會停止成長，留在他自以為正確的做事方式。有些天才鋼琴家在練習時總是會覺察自己的彈奏，並發現與自己習慣不同的做法。天才的進步來自他們對自身行動的覺察，他們的天分來自他們能自由選擇行為的方式。認識自己的人，或是有幸遇到老師幫助他們學習如何學習的人，有能力採取新的行動方式。這種老師教導的是音樂，而不是分數。人類的所有技能與藝術都是如此。表現優異的人最常見的特徵就是每天不斷練習好幾個小時，一輩子都不間斷。每日數小時的反覆練習是辛苦的工作；每日數小時練習動作或行動中的覺察卻是生活中最引人入勝的有趣時光。自我成長過程的覺察，會讓人充滿活力。

我有幸能親眼目睹傳說中了不起的覺察能力。那時才剛安裝好新設計的居里天平儀，以取代使用了數十年的舊儀器。我離開實驗室，準備回家，弗瑞德里克・約里奧－居里在路上叫住

我，要我看一看他非常引以為豪的新儀器。這台儀器在中央懸浮架和接地的外殼之間具有一千五百伏特的電壓。當時已很晚了，除了我們，其他人都已離開實驗室，約里奧再看了儀器一眼，脫下外套，忍不住想試用一下。他把儀器旁邊的一個金屬條放入儀器，打開計數器，揚聲器發出一連串咔嗒聲，約里奧發現先前沒有關好儀器，非常惱怒，因為他已張貼告示，要求離開實驗室的最後一個人必須關掉儀器，卻有人沒有遵守這個規定。他穿上外套，我們準備回家，他正要伸手關閉儀器時，忽然停住，好像被閃電擊中似地停下來，然後再度脫下外套，站在天平儀旁邊，渾然不顧其他一切。聆聽咔嗒聲後，他轉身對我說：「你有沒有聽見逐漸減弱的咔嗒聲？我們這裡所知的放射性物質沒有這種半衰期。」他按照原有的指示關閉儀器，我們一起離開。隔天就有新聞報導說發現了感應性放射線。如果他對自己聽到的聲音沒有加以覺察，結果可能就只是對離開卻「沒有關閉儀器」的人訓斥一番。約里奧花了將近一個星期確認這件事，說服自己，然後向全世界證明感應性或人工放射線的存在已得到實驗的證實，他得到諾貝爾獎。我相信很少有物理學家具有弗瑞德里克‧約里奧－居里那樣的覺察力，許多人會認為那聲音只不過是新儀器的某個問題。

一般人往往把這種事解釋為直覺，我認為這是語意學的問題。直覺發生在一個人具有廣泛經驗與強烈興趣的領域，許多人聽見海浪的聲音，但只有德布西（Debussy）具有音樂性的直覺而創作以「海」（La Mer）為主題的交響樂。如果德布西聽到約

里奧所聽到的,或許也會有另一種音樂性的啓發。但若是形容約里奧是覺察到他聽見的聲音,對我而言是更清楚的敘述,從各方面來看都更爲精確。直覺是一種可接受的解釋,但只適用於整個人對這個領域全心全意投入強烈興趣的情形。我們可以選擇自己想要的說法,事實上,我們確實有各種選擇,我選擇用覺察來形容。

我投入人類學習領域的四十年中,發現即使是有興趣、聰明的學生,也很難了解我如何能年復一年即興帶領成千上萬的動作,每一種動作又可以在相同的主題做出十種以上的變化,就算是最遲鈍的聽眾也能聽懂我的意思。常見的說法是我很特別,或我有不同凡響的創造力。我刻意略去其他讚美的說法與描寫,並不是因爲我謙虛,而是我不覺得有什麼好引以爲傲的。我聽過一種讓我驚訝的說法,就是平常在路上見到的一般人就是你和我。我相信的是,平常所見的潛在天才就是你和我。如果我心裡不相信自己能向聽者與讀者提供某種對每一個人都很重要的東西,我不可能有獨自持續數十年的耐力。我有榮幸和沙克疫苗的發明人喬納斯・沙克(Jonas Salk)在聖地牙哥的沙克研究中心長談、互相請益之後,他歡呼道:「你我這樣的人在世上太孤獨了,我們應該常常聯繫。」事實並非如此,因爲大部分時候,我們並不孤獨,只是在低潮時才有這種感覺。

我相信每一個人裡面的潛在能力都遠大於我們表現出來的自己,而且是自己主動潛藏起來的,原因就在於缺乏覺察。一萬到一萬兩千年的人類歷史記載的苦難是如此巨大,所以我相信我們

現在的狀態並不是失敗,而只是事實。大量可供嘗試的可能性已向人類開啟,爆炸性的思考從一種學門擴散到其他學門,這種情形向我們呈現出幾個議題。我們或是將發現自己目前的大腦有太多缺憾,以至於必須用未來的電腦取代它,或是我們將看見目前的能力會愈來愈進化。我個人相信未來的前景已經展開,我們其實已經擁有偶爾可以充分運作的大腦,問題在於是否知道我們會如何避免使用它。當前的文化大多把大腦的內容、意圖與範圍做出習慣性的設定,把成長局限在立即有用的部分,我們一直以來都是如此。我們在浪費自己的能力,只運用苦難的處境所需要的能力,而這種苦難又是自己創造出來的。只要想一想閱讀的速度就好了,閱讀是極大的成就,但真的必須把它限制在說話的速度嗎(每分鐘最多三百字)?這個速度是不是因為我們透過說話來學習閱讀和寫作,所以必須繼續一直用這樣的方式呢?我們很快就欺騙自己,認為既有的閱讀速度是大腦的限制。但當你學習只用眼睛和頭來掃描文字或文章,把內容和無聲的說話區分開來,或是抑制下意識的讀字,就可以用十倍的速度閱讀。此外,以每分鐘三千字的速度閱讀時,會改善我們對內容與細節的記憶。你確定我們沒有因為某些其他「有用」的標準,而像說話與寫作對閱讀的限制一樣,在無意中限制了原本可以增進十倍的能力嗎?

我相信我們確實限制了自己,過度且錯誤地強調「什麼東西」對人的社會是重要的,而忽略了「如何做的過程」。我們太常忽略個別的人如何找到他的獨特性,讓他對自己與社會環境做出屬於自己的獨特貢獻。人類原本有許多李奧納多·達文西

(Leonardo da Vinci)，我們卻用各種方法讓人的能力很少得到充分的發揮。我們自己的世代就能列出音樂、數學、電子和電腦網絡的獨特奇才，他們展現出潛藏、不曾被運用的推論與歸納能力，把模式的辨識從一個學門帶到另一個學門。運動員也有類似的零星躍升的情形。所有大腦的活動都在它所熟悉的領域盡情發揮。運算微積分、大型系統論、現代遺傳學、張量微積分、模控學都不是已知領域的延伸，它們是新的思考模式，可說是原本被阻礙的潛在能力，因為科學的無知而無法運作，直到現在才被發現。我希望不久的將來就可以回頭指出，過去年輕人的教育普遍只是努力得到大家一致的最大公約數。各個世代的少數天才是因為運氣好，才培養出他們的個體性。世界各地都有某個人教導他們如何學習，而不只是傳授好的課程。

我想像有一種完美的人腦與功能。完美意謂著不存在，也意謂著每一個人都可以有一項或好幾項特質逐漸接近完美。把每一個人和完美比較，是一項非常有用的輔助方法。那個完美的生命是什麼？是指具有普通基因遺傳的正常人或一般人，擁有完美的出生、嬰兒期、童年期，然後長成大人。需要什麼樣的條件，才能培養出這種怪物呢？我從一開始就遇到困難，如果真的有完美的人，就不需要如此放肆地澄清什麼是完美的成長史。純粹用想像的，則沒有文字描述那麼困難，我腦中的想法不需要考慮說話的邏輯，可以隨意把完美的性質歸屬於各個結構與功能。各個功能又更容易被完美化，完美的記憶當然是具有完美留存內容的功能、完美回想的功能，並保持絕對被意向控制的記憶。骨骼與肌

肉組織完美對抗地心引力的功能則是指可以在任意時候、向每一方向輕鬆抬高。由於腦中的想法不用考慮現實問題，所以用這種方式思考完美的功能，並不困難。

你可以用這個方式形成你認為的完美之人，具有完美功能的完美形象。這一招的好處很明顯，你可以一目了然地用真實人物的「功能」和心中的完美形象比較，得到非常有用的具體資訊。我曾檢視奧林匹克金牌得主，發現有些與地心引力掙扎的跳躍好像根本沒有提升高度，然而有些跳躍是如此輕盈，只用更少的力量，卻能跳得更高，讓人覺得他們好像沒有重量。雖然他們可以跳到相同的高度，但最重要的是他們如何跳躍，有人也許只是銀牌得主，卻比其他人更接近以完美的方式提升高度。

我常常觀察同一個人進行好幾種行為，比如彎身坐下、跳華爾滋舞步、在群眾面前說話，也許發現這個人的華爾滋舞步比其他行為更像我的完美形象，而納悶這位距離完美姿勢如此遙遠的人如何跳出這麼優美的華爾滋舞步。然後觀察到兩個人在迴旋轉身的舞步中，大部分都做得比其他動作更優美，而華爾滋有某種味道，可以為原本沉重、笨拙的人帶來輕盈感。大部分人在環繞自己的旋轉動作中，會比其他動作更輕盈。如果沒有完美的形象做比較，我就不知道要觀察什麼；各個功能與完美的功能比較時，會顯示出其層次。這雖然不是科學儀器的測量，對我仍是極有價值的心智輔助方式。這個方法引領我探索神經科學、生理學、演化理論等等，讓我能找到散布在知識與智慧之海中的相關事實，這片無涯的學海只有風景，沒有停泊的港口。

人的完美姿勢是我多年來最常思考的主題,已產生精確的想法,或說是完美的典範,並得到科學研究結果與長期實務經驗的證實。我現在常常在工作坊開始時帶領一項實驗,向大家說明人的直立姿勢蘊含著複雜的內在美感。

以下是我在「動中覺察」實務中向大家做過千百次介紹的方式。請看下圖,顯示小寶寶在早期階段開始爬行之前,以趴姿抬頭的姿勢。

小寶寶頭部反射性抬起的位置就是完美成人的頭部所在的完美位置,頭抬高到眼睛看著視平線,可以自由地左右移動,且具有人的神經系統所能達到最大的順暢度與輕鬆感。頸椎的位置允許頭部可以在第一頸椎與第二頸椎之間自由移動。不到一歲的小寶寶在趴姿轉身或被人轉動時,可以觀察到頭部本身的定向有如被無形的機制帶到此圖顯示的位置。頭部的支撐不會疲倦,且是反射性的,比強壯的成人更能保持在那個位置,總是一副可以重現這個姿勢的模樣。小寶寶不時會低下頭來,讓人覺得他的鼻子快要撞到地面,但其實不然,他的頭會適時調整,好像開關被打

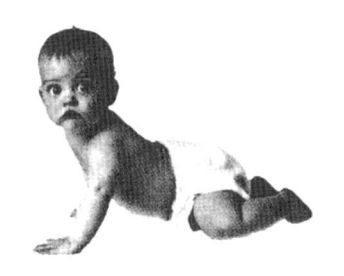

開似地。

　　成人會刻意轉頭,也會因為遠距接收器官突然受到刺激而自動轉頭。不論是這兩種情形或任何其他「因素」,頭會向右或向左轉,尋找變化的來源,頭會扭轉,直到視覺、聽覺和嗅覺器官受到均等的刺激,即使只是最短暫的變化,頭也會轉向其來源。神經系統透過這些器官受到不同強度的刺激,以及讓這些成對的器官接收到均等的變化,而學會把頭朝向刺激的來源。此處的重點在於頭部為了面向變化的來源而旋轉時,會調整整個肌肉系統,以移動骨骼,讓頭轉向的那一側的腳承受身體大部分的重量。

　　請想像你的右側突然發生某件重要或危險的事,激發你的頭產生動作,你會發現左側身體沒有承受重量,讓你能轉向右側。右側身體的肌肉張力會大到足以讓身體繞著右側髖關節、右腿或右腳掌轉身,以面對變動。整個肌肉組織從一種型態轉到另一種型態時,會重新分配張力,所需的大量神經活動只在一眨眼的工夫就完成了。整個過程是由控制頭部的頸部肌肉產生不對稱的張力引發的。過程中眼睛動作的機制,以及耳蝸刺激的作用,也都非常重要。但我無法在此細數詳情,這些內容最早見於梅格諾斯(Magnus)的研究,現在則可在每一本好的現代生理學著作找到這些資料。身體轉動以面對突發狀況的最後結果就好像是為了恢復頭、眼肌肉的對稱性而轉身。這是以非常精簡的安排與動作就達成的,讓面對危險或重大興趣時的反應可以在轉眼之間完成。人的轉身功能有非常良好的發展,可以比大部分動物更快速,不

論是鬥牛、日本武術、拳擊或所有這一類的活動,都能靠簡單的轉向側面就避開迎面而來的撞擊。整個系統大多能有如此良好的結構與速度,而奇蹟般地保存自己。

移動固態物體的動力所需的能量,與速度的平方成正比,因此可以預期快速的旋轉可能需要用很大的力量。其實不然,因為我們直立的姿勢中,沉重的部分靠近旋轉的軸心,讓所需的力量減到最小,加上我們的身體近似完美的圓柱體,讓旋轉所需的時間得以盡可能減少。「動中覺察」有一系列的快速動作,可以產生身體變輕的興奮感,速度可以快到讓人難以置信。

如果你記得我關於學習中要做什麼與不要做什麼的所有理由,就會了解為什麼我在接下來帶你實際練習「動中覺察」的過程中,不希望你事先閱讀全文。如果你一步一步慢慢地做,並以你自己的方式達到最後的結果,對你會比較好。因為那就不是我做的方式,而是你自己的方式,學習正應該如此。[2]

> 請坐在地板上,雙手放在身體後面,手掌貼地,用手臂支撐身體,手肘大致保持伸直。然後彎曲膝蓋,讓兩隻腳板站在你面前的地板。
>
> 請以腳掌當雙腿和膝蓋移動時的轉軸,讓兩個膝蓋

---

2 譯註:本章所教的「動中覺察」課程並不是基礎課程,請讀者務必放慢學習的速度,且不要以完成動作為目標,而是去覺察自己在學習過程中一點一滴的進步。若是強行完成動作,或是勉強加快速度,有可能讓身體受傷。心靈工坊 2017 年出版的《動中覺察》(*Awareness Through Movement*)一書有比較基礎的課程。

先向右傾斜，然後向左傾斜，左右來回。重複向左向右傾斜雙膝時，膝蓋的動作是由骨盆帶動的。

請注意膝蓋向右傾斜時，左手臂會預先出力，讓左手掌在地板上的推力促進骨盆的啟動動作，同時會伴隨頭部略微向後方抬高與傾斜。

請重複向左、向右傾斜膝蓋的動作，並注意軀幹、脊椎和頭部在開始傾斜膝蓋之前的變化，也注意自己如何出力。

請慢慢做，當你清楚知道你在動作的什麼階段吸氣、什麼階段吐氣時，就會發現一次比一次更容易。你可以在原本吸氣的階段改成吐氣，看看哪一種方式會讓膝蓋的傾斜更容易。

這時你的判斷是否正確，其實並不重要，因為當你的注意力和覺察力改善時，不消多久，你的判斷力就會改善，你的敏銳度也會增加，而你使用的力量則會減少。不論是男女、胖瘦、老少、運動員或不太嚴重的殘障人士，都能體會上述的情形。

請繼續輪流向左、向右傾斜你的膝蓋一、兩分鐘，或是再做個十幾次，或是不論做多久，只要你覺得舒適就好。

做這個動作時，人與人之間的差別很小，主要的差別在於需

要做多少次才覺察到身體其餘部位必須參與，以讓這個動作的意圖更容易實現。這堂課做什麼動作其實並不重要，「覺察」才是學習時的重要部分；雖然如此，我們的課程還是常選擇生活中可以運用的動作。

你到最後會同意，身為人，你能像貓一樣移動，速度大約是你原本以為「正常」速度的十倍。還記得我談到的速讀，以及我的觀點嗎？我認為所謂正常是潛在的可能性受到扭曲，被局限於「常態」。這一點實在太重要了，值得一提再提。除了少部分人之外，每一個人都只運用了自身潛在能力的一小部分。一般習慣的觀點認為人必須有天分，或是天生好手，才能擅長某件事，這種觀點一方面很正確，另一方面也會妨礙自由的選擇。不過，這句話的正確性在於我們天生為人，只要是其他人能做的，即使只有一個人能，所有其他人就也能做。以說話為例，有三千種語言，每種語言都有不同的說話方式，口腔、牙齒、舌頭和大腦同樣有能力進行這麼多種不同的運用方式。拒絕讓自己在其他方面也像語言的使用一樣有天分，是精神上的怠惰，這是大部分人的通病。若想成為天才音樂家、畫家、數學家、演員或任何什麼，做出原創的作品或物品，或表現出創作者的特徵，都需要非常努力。若只想成為眾人之一，就容易多了，我們的教育就是如此，盡可能讓大家都一模一樣。

你到現在已休息夠了，也覺察到許多你原本可能知道或不知道的事。請再次回到坐姿，雙膝輪流向左、向

右傾斜。

這一次請把兩個膝蓋張開一點，在膝蓋傾斜時有足夠的空間讓兩條腿倒向地板。所以當雙膝向右傾斜，雙腿倒向地板時，右小腿可以自由地貼在雙膝之間的地板，你的左腿和左腳掌內緣當然也靠在地板上，右腳掌心正好會碰到左大腿靠近膝蓋的部位。

你做這個動作時，要讓兩隻腳掌像鉸鏈一樣轉動，以讓雙腿傾倒，所以腳掌的側面仍留在地板上原來的位置。這個動作中，把腳掌當成鉸鏈一樣轉動是非常重要的，一直到動作最後的階段，都是如此。

讓自己熟悉這個準備動作的細節，才能在膝蓋輪流向右、向左傾倒時，做出對稱的姿勢。

請輕鬆地呼吸，意思就是呼吸時不用刻意做什麼，只要觀察兩個鼻孔的氣息在進出時平順而沒有中斷。

當膝蓋倒向右側時，觀察地板上的哪一隻手掌不會被用到，也就是可以離開地面而不會讓動作變困難，也不會造成憋氣。膝蓋倒向左側，再倒向右側；這一回，請你讓膝蓋倒向的對側手掌離開地面，你就會了解剛才那段話的意思。

繼續讓你的膝蓋輪流倒向右側和左側，每次倒向一側時，抬起不需出力支撐的手掌，揮動它朝向膝蓋傾倒的方向。

你會逐漸覺得可以愈來愈輕鬆地抬高骨盆，抬高到

足以讓一隻膝蓋站立在地面上。然後坐下來，讓雙膝倒向另一側，直到你倒向另一側時可以用另一隻膝蓋站在地上，再坐下來，反覆練習這些動作。

請注意腳掌的作用像鉸鍊，除此之外，並沒有出力協助這些動作，最好讓腳掌自然移動即可。不過，你必須注意，不要不小心讓腳掌改變位置。

抬起的手臂則隨著身軀移動，你可以輕柔地揮動手臂，以協助軀幹和骨盆抬起，離開地面。

我看到學生已經了解我的引導，並做出我說的動作時，才會說上述的話。學生在這種方式中會感覺到自己的猜測是正確的，他的信任感和自信心會隨著覺察力滋長。但是以文字記錄下來的描述，好比本書的方式，由於有許多需要根據時機而說的重點，會因為用文字記錄無法拿捏時機，而必然顯得較不清楚。

只要你覺得疲倦，請隨時休息，這是受到鼓勵的；然後在你準備好時，才再度開始。所以現在請你再次開始先前做的動作，向左側傾倒膝蓋時，右手臂同時向左前方揮動，到你的左側，直到你用膝蓋站立。你仍用左手臂支撐身體，左手掌仍在地板上。

若要從這個姿勢起身，以腳掌站在地上，我們通常會讓右腳掌往前跨出，踩在地板上，然後靠雙腿的力量用力站起來。但

這種方式會讓移動的身體停滯，因為忽略了移動時的衝力，使起身的動作變得緩慢而費力，就好像準備上坡的汽車已聚集了衝力後，卻踩住剎車，這時只能退回低速檔，重新開始爬坡（浪費汽油），等到有足夠的動能時，才能換高速檔。就我們現在正在學習的動作而言，就好比是還沒有清楚覺察自己的不良開車習慣。

請再次開始，讓兩個膝蓋先向右側傾倒，然後搖擺到左側，但這一次要讓右手臂向前方揮動，由下往上揮到你的左側，然後讓骨盆繼續以螺旋形抬高的動作離開地板，直到右側髖關節朝著右手臂移動的方向，抬高到足以伸直右膝蓋，這時你的右腳掌會站在地板上。由於骨盆會帶動兩側的髖關節，所以左側髖關節也會抬高到足以讓你的左腳站立起來，你這時是用雙腳站立，支撐全身的重量。

骨盆從坐姿開始移動，以螺旋形向上扭轉，朝向你的左側，如果你能清楚了解骨盆移動的軌跡，不妨礙它，讓它順勢自然而動，它就會整個旋轉到讓你用雙腳站立，面對你原先的背面。你在這個動作中運用的是骨盆與軀幹原本協助雙膝向左側搖擺時產生的衝力。

請繼續嘗試，直到你知道如何在移動時引導自己的方向。從坐姿開始，雙膝先向右側傾倒，然後向左側擺動，直到站起來面對後方，這種起身的過程幾乎發生在一瞬間，毫不費力。

第八章 動中覺察

　　請重複做，從雙膝向右側傾倒開始，注意不要妨礙骨盆的移動。你的手臂、腳掌和所有其他部位都與骨盆完全配合，這是因為頭會隨著相同的螺旋形上升，眼睛也隨之移動，在起身後找到視平線。

　　請坐在地板上，閉上眼睛，用內在之眼觀想頭與骨盆的軌跡。當你清楚了解動作時，想著自己輕鬆、快速地在一次單純的行動中由坐而站。

這種顯然的單純性是出於所有複雜的細節都整合成單一的意向行動。

　　然後實際再做一次，像先前一樣，從雙膝向右側傾倒開始，但這次在重量都轉移到兩個腳掌時，不要抬高左手掌，也就是沒有做出完全站立的動作。請你留在這個姿勢，想像你如何回到起初的坐姿。需要想多久都沒關係，試著了解自己在空間中移動的軌跡。

　　這種對空間的覺察是動覺的另一面向。意向動作如果經過良好的學習，注意力就可以非常輕鬆地從內在的肌肉感覺轉到空間感或外在的接觸，後者是我們在做事時沒有去感受的感覺。單一的行動其實很單純，只是以書寫的方式描述時會顯得很複雜。

　　你可能已經發現，要在空間反轉動作，就相當於反轉此動作的時間點。我們當然無法讓時光倒流，但可以去想右腳掌的上一

個動作。於是從右腳掌開始返轉坐下的動作。你不需要花很長的時間,就會發現要先移動骨盆,才能抬起右腳,離開地板。

現在請先移動骨盆,讓右腳掌離開地面,讓右膝彎曲,右腿順著原路返回原本坐著時的位置。請先在心裡回顧整個程序,直到比較清楚時,就實際坐回地板。

接下來把雙膝向左側傾倒,然後看著雙膝向右側擺動,以剛才另一側已做了好幾次的相同方式起身。

如果你無法了解向右後方起身時骨盆如何以螺旋形向上方移動,請停下來休息一會兒,然後把膝蓋先向右側傾倒,練習先前做過的另一側的動作,雙膝向左側擺動,用你知道的流暢動作再度起身。

然後再次抬高並移動右腳掌,引導骨盆回到地板,然後傾斜雙膝,向右側擺動,左手臂往右上方揮動,讓右膝站在地板上,看著你的骨盆以螺旋形向上移動到右側,帶動左腿和左腳站起來,承受全身的重量。由於骨盆會帶動雙腿,所以右腿也會伸直,分擔身體的重量。

現在請移動骨盆,以抬高左腿,並順著原來的路徑坐回地板,然後雙膝向左側擺動以站起來,但不是完全直立。繼續移動骨盆以帶動右腳回到坐姿,再擺動雙膝倒向右側,以連續不斷的骨盆螺旋形動作,先坐下,然後起身向右。於是你會忽站忽坐,在眨眼間的一個動作,就再度站起、坐下。骨盆一直沒有停止移動,因為

在坐下前,它已轉動,以擺動雙膝,用向上的螺旋形轉到另一側。

你現在可以對照插圖(請看書末所附的拉頁)。閱讀就好像在標準的習字簿上練習寫字,一旦你熟悉了動作、力道、形式和方向的複雜變化後,就開始形成你自己的筆跡,絕不會和其他任何人的筆跡一模一樣,只需要看得懂你在寫什麼就好,也就是足以清楚無誤地表達你的意圖即可。

你現在可以回去做動作,以你的方式像貓的動作一樣順暢、迷人。學習了解骨盆如何順暢移動,而不會讓持續加速與減速的過程中斷,由站到坐,再到另一個方向的站立。你現在能了解手和腳如何好好配合骨盆的動作。你在這個學習中得到的覺察是很重要的核心,可以應用到許多其他動作,甚至包括你以前用嘗試錯誤的方法學習的動作。以前的方法很可能不曾讓你達到現在這種令人興奮的速度與流暢度。

如果你可以不要急,注意排除動作的障礙,你的速度會加快到比自由落體更快。我們可以讓骨盆向下壓,得到比自由落體更大的衝力。「動中覺察」對表現品質的提升,可說是沒有不能超越的限制。自我導向的整個過程都會得到改善,而不只是改善任何特殊的動作。特殊的成果只是附帶的結果,是改善學習時得到的贈品。

我們現在可以來滿足好奇心了:

請在地板上側坐，右腳掌朝向右後方，左腳掌朝向右大腿，雙膝之間的距離足夠讓左小腿放在地板上，類似先前雙膝向左側傾倒在地面時的姿勢。左手掌放在骨盆左側的地板，支撐身體的重量，請選擇你覺得最舒適的地方放置左手。抬高右手臂，手肘彎曲，手掌放到眼睛的高度，輕鬆下垂，手在臉前，與臉保持舒適的距離。

軀幹、頭與右手臂的姿勢保持固定不變，眼睛凝視手掌，整個一起轉向左側，轉動的幅度在你覺得不費力的範圍之內，然後保持稍微向左側扭轉的姿勢。除了輕柔的呼吸，沒有其他明顯可見的動作。

大約一分鐘之後，雙眼轉向右側；只移動眼睛，其他部位保持靜止不動，然後再把雙眼轉回來看手掌，接著再次轉動雙眼到最右側，只做眼睛的單純動作，不要勉強自己做更多。

眼睛在手掌和最右側之間來回重複十幾次，然後停下來，回到朝向正面的姿勢，放下手臂。休息一下。

請閉上雙眼，再次抬起右手臂，右手掌在閉上的雙眼前面，頭、手、軀幹一起向左側轉動，在輕鬆的範圍內轉動，但保持頭、手、軀幹之間的關係固定不變，這是唯一的限制。當你發現自己需要用力時，就立刻停止動作。不論轉動的角度是多少，停下來，睜開雙眼看一看，你會發現自己比開始時轉了更多角度。請留在這個

姿勢。

眼睛看著右手掌，頭部繼續向左側轉動，只有頭轉動，而且只在你覺得輕鬆的範圍內轉動，手掌和軀幹不動，眼睛在轉頭時仍持續看著手掌，然後讓頭轉回面對手掌。重複十幾次只有頭來回轉動的動作。

你也可以讓頭和眼睛一起轉向左側，然後只有眼睛轉回去看手掌。

再次停下來，回到一開始的坐姿，休息一下。

閉上眼睛，再次抬起右手，放在眼前，向左側轉身，一旦發現自己需要用力時，就完全停止。然後張開雙眼，發現自己不費力轉身時，比先前又轉動了更大的角度。請停下來想一想，這和平常的經驗有多麼不同。我們「練習」的方向和想要改善的方向是完全相反的，但確實改善了。

平躺休息，後背貼在地面，你會發現身體左右兩側與地板接觸的感覺不同，好像兩側是以不同的方式平躺。其中一側因為剛才所做的動作而改變了。

再次坐起來，像先前一樣，左手放在地上支撐身體，右手抬到臉前，與臉保持適當的距離。在舒適的範圍內向左側轉身，然後把右手掌放在頭頂，在右手的協助下讓頭向左側彎曲，好像要讓右耳碰觸右肩，然後反向，讓左耳靠近左肩。如果你在右耳靠近右肩的同時，感覺到骨盆的滾動，使胸腔右側變短，而左側的肋骨展

開,會讓這個動作更輕鬆、幅度更大。然後手掌協助頭彎向另一側,骨盆與胸腔側面的移動也與先前反向。左右來回,輪流向左側、右側彎曲十幾次之後,回到起初的坐姿。

閉上雙眼,右手掌放在眼前,然後向左側轉身,當你一覺得自己在用力時,就立刻停止,然後睜開雙眼,你會發現自己又轉動了更大的範圍。怎麼回事呢?你再度以非正統的訓練方式進步了。

請以最初的姿勢側坐,然後向左側轉身,接著把雙手都放在左側的地板,讓你的身體從雙手得到均等的支撐,兩隻手掌在地板上的距離大約相當於肩膀的寬度。請將肩膀向左側轉動,同時將臉(頭與眼睛)轉向右側,也就是胸腔和頭往相反的方向扭轉。請注意開始轉動肩膀時,右側髖關節和臀部的動作,同時注意脊椎的感覺。然後肩膀和頭一起回來,解除扭轉的動作,如此來回做十幾次,然後把手放下,休息一會兒。

回到一開始的坐姿,抬起右手,放在雙眼前,然後在你覺得舒適的範圍內向左側轉身,你很可能會直接轉到可以看見背後。

與開始時的轉身比較,你就會了解「動中覺察」比用意志力努力去做,是更有效率的學習方式。

我不需要再寫另一本書,就足以說明你可以區分眼睛的動作

和頭部的動作，意思就是你已學會用相反的方向移動眼睛與頭。大部分人在學會把兩者向相同方向移動後，就停止神經肌肉與空間關係的練習。骨盆與頭部和眼睛之間也可以有同樣的區分。

請坐下來，雙手放在兩側後方支撐身體，雙膝向右側傾倒，然後向左側擺動，以迅速起身，用你熟悉的螺旋向上的動作向左側移動骨盆，以站立起來，然後反向回來，往右側起身。持續站－坐－站的整個來回的循環，你很快就會發現某一側的動作比另一側更平順、快速。這與剛才進行各種動作時側坐的方向是否有關係呢？

現在請坐下，側坐，兩個腳板朝向左側，抬起左手到眼前，右手放在身體右側的地板以支撐重量。心裡像先前一樣演練身軀、頭、眼睛與骨盆轉動的所有步驟，但有一個重要的限制：除了採取新姿勢之外，每一步驟都完全沒有動作，只用想的。請你靜靜坐著，想像你真的在動，但其實完全沒有動。你會發現肌肉會以所需的模式做好進行動作的準備。如果你以這種方式進行所有步驟，就會驚訝地發現向右轉身的動作得到改善，甚至比向左轉身更好。此外，你可能只用了五分之一的時間就得到這個結果。

你知道「動中覺察」的意思之後，就會肯定它的方式可以為

學習提供更好的機會。因「會心」（encounter）一詞而聞名的威爾·舒茲（Will Schutz）[3]是最初帶我來美國的人，我請他和我一起參加「新境界」（New Dimensions）的訪談。以下是那次訪談的相關摘要。

舒茲：我發現你的方法是我所說的自我導向的方法，相對於上師導向的方法。我上你的課時，有個特殊的例子很醒目，就是平躺時彎曲膝蓋讓腳板站在地上時，我的雙腳要分開多遠才會覺得最舒適的問題。你要我先把雙腳靠得很近，看看是什麼感覺，然後分開很遠，看看又是什麼感覺，然後在兩種距離之間來回嘗試，直到感覺對了為止。只要感覺對了，就是正確的。我曾接受完整的艾瑞卡訓練（Arica）[4]，我認為那是上師導向的取向，奧斯卡·伊察柔（Óscar Ichazo）是上師，你要照他所說的去做。我在他那兒也會做相同的動作，但規矩是要讓兩個腳掌保持相隔一肘長的距離，如果沒有照做，指導者就會過來說：「不對，你做的不正確。」那裡所謂的正確就是完全按照老師的話做。

費登奎斯：我從來不強迫任何人接受我的觀點，我絕不會說：「這是正確的」或「這是不正確的」。對我而言，沒有正確這回事。可是，如果你做了某件事，卻不知道自己在做什麼，那麼，對你而言，就是不正確的。如果你確實知道自己在做什麼，那麼，不論你做什麼，對你而言都是正確的。身為人類，我們具

3　譯註：舒茲（William Schutz, 1925-2002），美國人本主義心理學家。
4　譯註：一個透過身體技巧提升宇宙意識的學派。

第八章 動中覺察

有不同於其他動物的特殊能力,就是知道自己在做什麼,因此我們擁有選擇的自由。假設我看見你的雙腳距離是我認為不正確的距離,好,為什麼我認為那是不正確的呢?並不是因為我認為它必須是某個長度,而是因為我覺得你其實並不舒適,你以那種方式站立,只是因為不曾真正想過你需要多少距離才會覺得舒適。你並沒有真正關心舒適這件事。如果你很害羞,或是處女,你會讓雙腳靠在一起,因為一般認為這樣才「符合禮儀」。如果你是喜歡表現自己的人,想要顯示自己多麼重要而自由,你會把雙腳張得很開。對誰而言算是張很開呢?不是對我。我沒有說:「這是對的」、「那是錯的」。我說的是,如果你知道你把雙腳夾得很緊是因為你害羞,你覺得把腳打開很不自在,那就沒關係。從我的觀點來看,做你喜歡的事,就是正確的。我在這裡不是要告訴你該做什麼事,只是向你表示,你應該知道自己在做什麼。可是,如果你其實不知道自己把雙腳夾緊,而且相信所有人都應該把雙腳夾緊,那麼你就根本無法把雙腳打開,且不是因為生理或結構上的限制,而是因為你太沒有覺察力,根本不知道雙腳可以打開,那麼,它就是不正確的。

舒茲:我記得在你的一堂課中,有個例子可以說明這個情形。我們跟著你的引導語,有一個人沒有照你說的做。你沒有大聲訓斥他,而是要其他人做他做的動作,接著做你說的動作,然後要大家自己判斷哪一個比較舒適。那個過程幫助我們增進覺察的能力,知道什麼才是比較好的感覺。

費登奎斯:我的用意不只如此。重點在這裡,我說了某件

事，大部分人用一種方式做，有一個人用完全不同的方式解讀同樣的話。他有可能是笨蛋，聽不懂我說的話，這沒有關係。可是，我相信他不是笨蛋，而是他接收不到我的意思，才完全無法做出我要求的動作。其他人都照我的要求做動作，我會告訴大家：「來看看這個人做的動作，也許他是對的，也許應該要這樣做。你們能模仿他嗎？」可以，每個人都可以。「你們可以做先前的動作嗎？」可以，大家都可以，可是那個人只能用自己的方式做，無法做別人做的。因此，其他人在兩種動作中有選擇的自由，但這個人只能做一種，無法改變，這是一種強迫性。他不知道自己在做什麼，也無法做他想要做的。請大家去看他的方法，讓他比較容易看見自己。我也可以告訴他：「看看你剛才做的動作，也許你是對的，這些人可以做你所做的，也可以做不同的動作，但你沒有選擇，你是電腦，他們是人類。他們有自由意志，他們擁有選擇，但你沒有。請你起來看看別人，你看到了嗎？」看見別人的模仿，他突然了解他並不知道自己在做什麼。一旦他了解這一點，就可以做出像其他人一樣的動作。他的學習只花了十秒鐘，就重新擁有選擇的自由與人性的尊嚴。

有兩種學習，一種學習是靠記憶力，比如背電話簿上的電話號碼、從解剖學書籍學習每一條肌肉的起點與附著點，這種學習無關乎時間和經驗，你任何時候都可以決定做這件事。但如果你想學鋼琴，每次開始學時，你就說：「瞧，我年紀不小了，現在才開始學，實在太困難了，我幹嘛要彈鋼琴？我是科學家，我是廣播主持人，我彈鋼琴是為了什麼？如果我需要鋼琴演奏，聽別

人的演奏錄音就好了。」但對某些人而言，比如曼紐因（Yehudi Menuhin）或霍洛維茨（Vladimir Horowitz），演奏音樂比你的廣播電台或科學更重要，他們的學習是透過一種近乎超越個人選擇的學習方式。

只要你想要，就可以去背電話簿，不想就不要，而且可以改變心意。但有一種學習是你無論如何都無法逃避的，這種學習潛存在製造出大腦、神經系統、身體與肌肉的自然法則之中。這些法則屬於宇宙的法則，非常精確，有其順序，你在學習時無權決定其次序，它們必須以自己的次序來學習，否則你就無法長成正常的人，你會成為跛子或自閉兒，你會有某個部分不正常。為什麼你無法教一歲大的小寶寶拿筆寫字？因為小寶寶在書寫能力發展出來之前，就是無法寫字。

有一種學習是隨成長進行的，你無法在學會走路之前就會滑雪，無論你再怎麼聰明，就算你是天才，也必須先學會走路。你無法在學爬行之前就學走路，如果你還不會爬行，就學走路，你會成為跛子。你無法在學會站起來之前就學會講話，你知道為什麼嗎？人的身體系統中，各部分的功能是按照順序開始發揮作用的，功能的運作幫助各個階段的成長，讓大腦新的部分來支配，改變整個運作方式。這種類型的學習必須依照自己的步調進行，我們毫無影響力；可是，如果這種學習是按照人的方向來進行的話，就會不同於自然的方式。

我的學習方式，我對待人的方式，就是為想要學習的人，找出哪一種成就對那個人是可能的。人可以學習用不同的方式移

動、行走與站立,但他們放棄了,因為他們認定為時已晚,成長歷程已經結束了,他們無法學習新東西,或他們沒有時間或能力。但你不需要回去成為小寶寶,就能學習適切的功能運作。只要你相信你的身體系統並不是固定不變、無法自主的,你在人生的任何時間都可以重新設定,若是無法改變,也只是你相信如此罷了。

我不治療病人,而是提供課程幫助人學習認識自己。學習來自親身操作的經驗。我不為人治療,也不提供療法,甚至不是教導人。我向他們說故事,因為我相信學習是身為人類最重要的事。學習應該是愉快、奇妙的經驗。我在課程中常說:「瞧,你們停一下好嗎?許多人看起來好嚴肅,好像要去做什麼非常困難、很不舒服的事。那表示你累了,你學不到更多東西了。不如停下來,喝杯咖啡吧。或是聽我講個故事,好讓我看見你的眼睛閃現光芒、臉上浮現笑容,好讓你願意聆聽,並發現我說的話對你很重要。」

舒茲:對我而言,那並不是你做的最主要的事。你確實會談話,強調那些重點,但最重要的是你用雙手進行的事。對我而言,觀看費登奎斯的課程,就好像在禪修靜坐,非常安靜、細膩,事情發生在雙手之中。透過雙手,身體與大腦之間進行無言的溝通,談話通常是後來才發生的事。

總　結

　　所有哺乳動物，包括人，都有骨骼肌，如果沒有感官的知覺，特別是最重要的動覺，這些肌肉就一無用處。如果沒有自主神經系統和中樞神經系統，所有這些複雜的肌肉組織也完全沒有用處。若要能行動、移動、感受、思考，或是做任何事（包括說話），所有這些結構都必須有功能。上述的每一項目都需要透過學習才會得到能力，讓各種感官知覺（感受、思考、移動、行動、反應）具有多種運作方式，我們才能生存、茁壯，愈來愈快樂，愈來愈有智慧。

　　我們需要形成習慣，才能適切而快速地行動，但若盲目運用習慣，或將習慣當成自然法則，也就是無法改變時，習慣就只是僵化不變、眾人一致的無知。我們可能擁有的方法、功能與結構多到令人難以相信，然而所有不快樂的人「都依然故我」，也就是因循他們的習慣。這些習慣讓他們看不見自己擁有大量的選擇。由於習慣如此簡單好用，我們寧可不改變習慣。

　　每一個人都有形形色色的「習慣」可資取用，有些可以在星期假日使用，有些可以在週間使用，有些是走路時使用，有些是臥床時使用，你可為每一件事選取一個習慣。幫助自己善用習慣，可能不像表面上那麼容易，但也沒有像你感覺的那麼困難。如果需要的話，可以尋求專業的協助，他們的職業就是協助有困難自助的人。

chapter 9

第 九 章

功能整合

FUNCTIONAL INTEGRATION

「功能整合」訴諸我們的感覺系統中最古老的元素——觸摸、各種拉動與壓按的感覺、手掌的溫度與輕柔的觸碰。讓人專心感覺逐漸消減的肌肉張力、深沉而規律的呼吸、腹部的放鬆，以及皮膚擴張時循環的改善。人會感覺到自己最原始、已被意識遺忘的模式，憶起童年成長時的幸福感。

你也許還記得我沒講完的故事：出生時右手先出來的小男孩，找了五、六位專家仍持續疼痛的婦女，等等實例。描述個案有點像在列清單，可是清單對人類的處境有什麼用呢？如果我列出自己的清單，卻沒有寫下我的自傳，只是列出我目前的困擾，就沒有給你什麼線索，可以有助於你來改善我的生活。你能改善我受傷的膝蓋嗎？你能幫助我恢復過去的一流視力嗎？即使你能，對現在的我有什麼好處呢？我可能會更機敏、更感覺得到自己，但對於我已看過世界各地許多第一流的專家後，仍得不到的東西，你能做什麼呢？

容我提出具體的實例。一位著名的小提琴家受到莫名其妙的槍傷，骨科醫師和神經外科醫師合作修補小提琴家碎裂的手臂，傷口癒合後列出損害清單，專家判定物理治療有助於手肘的彎曲和手臂的伸直，但不可能再拉小提琴，因此，他最好盡快去找另一種專業工作。當然了，原本的損傷很可能完全切斷手臂的正中神經，受損的組織產生的疤痕會使手臂緊繃，更別說是手腕與手指的動作了，影響所及，實在難以想像，除非奇蹟，否則不可能

復原。

我在此的目的不是要宣傳「功能整合」比大部分其他各種療法更好,而是要顯示有一種不同的使用自己的方法,遠非我們習慣的因果模式世界觀所用的方法所能比擬。這種不同的選擇非常好用,往往是更容易處理問題或任務的方式。我認為通常會有更好的思考方式,可以開啟新的視野,讓難以想像的事成真,讓不可能的事得以實現。

容我們在此更仔細地檢視一個小孩如何成為知名的小提琴家。沒有人能在出生時擔保新生兒的未來。透過反覆的觀察,我們得知小寶寶在最初幾年的成長會做一些成人不會去做的事,我們認為這種活動是為成人期做準備。有趣的是,這種活動其實會導致他成人後的特殊之處。人生的前兩年之中,為成人期所做的準備與大部分的未來非常相似。小孩的骨頭會成長,肌肉與骨骼同步成長,而成長受到許多環境因素明顯的影響。爬行的發生需要空間,且動作產生的時機很嚴格,你不可能純粹靠偶然抬高和移動身體各部位而能爬行。這個小身體現在所在的時間點和他在空間中的形態都受到地心引力的支配,因為地心引力對所有堅實的身體都有作用。換句話說,肌肉和骨骼的成長不只是一種成長,而是一種極為特定的成長,這種成長會透過熟悉感而配合小小身體持續不斷的動作,所以可能完全忽略地心引力的影響。我們所見都是我們熟悉的形態,這些形態與平衡、穩定和移動所必須的完全相同,我們過去都是以相同的方式學習平衡、穩定和移動,不曾考慮地心引力。

許多其他事情的發生也是因為熟悉而看不到。小孩從吸吮開始就以不同的方式吃東西，他的發音和說話，以及拿取各式各樣的物品，有時靈巧，有時較不靈活。顯然並不是只靠骨骼做這些事，骨骼需要肌肉才能移動，而肌肉也需要骨骼才能移動。神經系統顯然是骨骼、肌肉和外在世界之間的橋梁，外在世界包括地心引力、空間、時間與社會環境，沒有外在世界，就沒有東西可以拿取，也無話可說或聽。簡言之，環境包括了你和我（性顯然已在其中）、物體、空間、時間、地心引力、社會與文化。

　　我們幾乎忘了那位小提琴家，他也曾是小寶寶與小孩，如果沒有神經系統來調節他與周遭環境之間的關係，他的骨骼和肌肉會以相當不同的方式成長。環境是由上述許多零碎的細節組成的，我們透過感覺器官，由神經系統感知環境。神經系統會引導、組織、整理、調節身體的其餘部分，以回應環境中的物體。手、腳、整個身體都會透過神經系統來順應環境，神經系統進而也會知道行動在體內或身外產生的變化是隨意發生的，還是與預期一致的。

　　手指以這種艱鉅的方式學習碰觸小提琴與琴弦，產生神經系統覺得合意、愉悅或不快的聲音。神經系統的活動永不停止，並會透過肌肉與骨骼引導自己在環境中移動和行動，使環境成為我們的一部分。我們透過活動感知環境，環境也因此反映出我們的神經系統需要什麼，以繼續移動，並在變動不居的環境產生的變化中行動與回應。

　　我們學習去做的第一件事就是引導眼睛與雙手朝向周遭的事

物。不然還能做什麼呢？因此方向很可能就是最基本的想法或動作。你要去哪裡？何時去？如果沒有「哪裡」，「何時」就沒有意義了。我們的基本定向是左與右，也就是我們的轉身。即使是失智的人，也會不斷指向一個方向，否則就完全無法移動，而少了移動的話，動物還算是動物嗎？

某些讓我們費解的事情，現在已變得相當明顯了。我們的小提琴家習得技巧，可以在一件外在物體上靈巧地移動手指，當手和手指被神經系統形成的模式引導，實際使用環境中的物體時，也就是他的小提琴，他能持續聽見並做出判斷。環境是成為小提琴家的必要條件（沒有環境，就沒有小提琴家），神經系統也是必要條件（否則就沒有動作、沒有聽見的能力、沒有身體的實踐），身體也是必要條件（如果沒有手指、雙手、坐或站的姿勢，就無法拉小提琴）。如果再加上演奏的場所、臉的朝向、演奏的對象，以及需要演奏的那個人，我們就能開始了解什麼是「功能整合」了。

幸好有神經學家和外科醫師修補了手臂的損傷，同樣地，如果知名的小提琴家不得不改變專業的話，精神科醫師和心理學家也可以幫助他。可是，只有「功能整合」有機會讓他重新演奏。我、我的助理和學生，已幫助了許多人。不論你是否相信，如果我成功了，他會成為比受傷以前更好的小提琴家，他會更清楚地感知自己用手在做什麼，所以也更能做他想要的事，他現在可以達到更高的演奏層次。

如果我們一點一滴詳細檢視，任何複雜的東西都可以被理

解。容我們先詳細檢視自己如何行動與移動，以及我們通常如何引導自己的方向。這讓你能在「功能整合」中跟隨我，並了解我為什麼允許自己如此權威地談論一些完全不簡單的事情，或說是出於直覺的東西，也可說是**先驗的認識**。

動物的生命在於有機體的結構可以進行繁殖自己、供養自己、保存自己，以及自我導向的功能。對我們而言，這就是動物的生命。前三項結構－功能很可能早在任何動物生命出現之前就已存在，因為類似的功能可見於非常大的有機分子，但自我導向的概念只對個體有意義，所謂個體就是具有薄膜、皮膚，在它和其餘世界之間有分隔的邊界。一旦形成這種分隔，就有了個體化的生命，也許是非常原始的生命，或是非常複雜的生命。這種分隔意味著個體生命和外在世界之間必然有某種交易在運作，也就是個體會具有某種交換的功能。

邊界會讓某些外在的東西進入個體，也讓某些內在的物質排出到外界，這種交換會在一段期間中促進個體的存活能力，直到生命停止，被環境吸收，於是邊界、薄膜、個體都被分解。沒有自我或個體時，自我導向就失去其意義，因為個體才有自我導向的需要。

對人類而言，自我導向與我們以直立的姿勢呈現自己有關。成人最基本的自我導向就是向左或向右，也就是以脊椎為垂直的軸心轉身。我們在仍只能平躺的小寶寶身上觀察到的第一個動作，就是轉向我們以看見我們，或對我們報以微笑。換句話說，他學會在需要或想要時轉向右或左。實際情形當然不同於我們的

歸因，這些參考用語來自我們，以及出於我們的觀點而有的改變。不過，我們都同意小寶寶的活動與成人後會做的事有重大的關聯。兩種情形之間的延續性牽涉到神經系統、包含神經系統的身體，以及身體生活其中的環境。

生命及其功能的運作中，顯然有某種東西在發展、成長。成人以及他成長的每一階段，向右或向左的轉身都遠比我們所以為的更複雜。眼睛、頭、耳朵、左右腿、肌肉、關節，以及與支撐的地板接觸的腳掌，都會把周遭環境的資訊傳送給神經系統。所有這一切會與自我的形態結合起來一起行動，讓轉身的方式不會影響地心引力場域中的直立姿勢，而不至於打斷自我導向的連續性。我已經盡我所能用比較簡單的方式將之化為文字的描述。成人可以做的所有事，我都能做，你也是如此，但你可能不知道我所說的東西，也可能知道得比我更多。

從「功能整合」的觀點來看，圍繞垂直軸心的轉動是一種自我導向的行動或功能，而自我導向只對環境中活生生的動物才有意義。這種轉身讓動物能完成所有四種與自我有關的活動，不論這些活動是出於必要，或是探索的動作，甚至只是為了練習或自己高興。如果你需要證據才相信，請想一想，不論只是事實或出於某種設計，所有讓我們的感官與遠距世界連結起來的器官都剛好位於頭部。視覺、聽覺和嗅覺都是有方向性的，我們要調整方向和距離時，需要一對彼此間有點距離的相同器官。我們的遠距接收器官是自我的感知者與推動者，引導頭部朝向一個方向，而方向就是左右兩側的器官接收到等量的刺激而產生等量的訊號

時，頭部停止轉動所朝向的方位，這時我們會朝向視覺變化的來源，或是讓我們轉動的聲音來源，或是引起我們注意的味道來源，我們的頭剛好轉向那個方向，剛好轉動那麼多。不論是頭，或是我們，怎麼會這麼精確呢？

此外，當我們轉頭朝向任何這種來自環境的刺激時，我們的骨骼、肌肉和整個人會有一側，也就是頭部朝向的那一側，張力會變得較強，也較有力，而另一側的關節則會彎曲起來。身體的重量會轉移到張力較強的那一側，然後轉身，直到頭部再度來到中間，不再有造成轉頭的不對稱肌肉活動。我們的自我導向可以自由啟動，向我們所選擇或環境有所要求的任何方向移動。我們的嘴巴也讓我們連結到我們碰觸不到的環境，嘴巴也有方向性，只是不像遠距接收器官那麼明顯。

整個有機體如此重要的動作，牽涉到頭顱包含的一切器官、所有肌肉和骨骼，竟然不需要學習期就可以做到。躺著的小寶寶轉頭回應母親，表示他知道誰是母親，這是非常長期的學習與成長歷程的起點，這個歷程可以產生我先前描述的奇妙結果。這一切對我可能比對你更為重要，我先前談過，我對那些處理、探索、書寫和告訴我們這些事的人，感到非常驚奇與佩服。我也談到，我對那些老師的貢獻就是把他們的教導增添了一些東西，而能把他們的成果應用到此時此地，以使我們的生活更輕鬆、更美好。

荷蘭烏特勒支大學的梅格諾斯讓我們熟悉身體的張力與翻正反射。我將他的天才發現運用到「功能整合」之中，相信會讓

他滿心歡喜。運用的方式如下:直立姿勢下繞著軸心向左、右轉身的練習階段中,學習的關鍵在於神經系統送出神經衝動時,會以各種模式抵達目標,這些模式讓所有錯綜複雜的動作都得以執行。假設現在有某個地方出了差錯,比如腦性麻痺,或是因為受傷造成類似的問題,以至於練習和成長並沒有產生平常的單純意向行為。我們已看到,小提琴家受傷的手臂受到合格醫學專家的照顧與協助,但真正的問題在於手臂與手掌有了基本的治療之後,如何在缺乏優秀能力的情況下拉小提琴?真正的問題在於我們如何讓神經系統的神經衝動以正確的方式和力道抵達目標肌肉?

簡言之,感覺反應和意向運動功能在神經系統中的連結,一方面是透過環境,另一方面則是透過肌肉和骨骼。整個環節的連續性若有任何缺口,就會妨礙或破壞功能的運作。環境─感覺─神經系統─動作─環境與環境的回饋,這整個環節的連續性在嬰兒早期基本上是完整無缺的,但小嬰兒無法拉小提琴,原因之一是神經衝動還沒有足夠的分化,運動功能也未分化,其反應與行為都是全面性的,還沒有不同層次的變化,所有肢體,包括手與腿,都是一起移動,無法形成任何具有準確方向的行為。稍後,隨著成長與功能的運作,才逐漸形成較特定的通路,讓神經突觸中個別的神經衝動通過,這時才可能有更多樣化的動作,比如手指可以各自移動,不同的手指甚至可以產生不同的速度與強度。我們所說的分化就是可以區分彼此相似但又略微不同的動作。漸漸地,神經突觸可以通過更多數量的神經衝動,而每一個神經衝

動會通往不同的目的地,直到小孩可以開始練習書寫,接著是練習拉小提琴或做任何事情。

我們必須詳細了解的就是神經系統的多重活動,它可以感知自己的身體和環境中的物體,且會好奇地去做這些事,即使不成功,也會反覆行動,透過錯誤和微調,逐漸形成通過突觸的神經路徑,而能書寫和拉小提琴。當神經系統對環境中的物體重複進行探索的活動,直到成功,也就是滿足其意圖時,就是學習。於是感覺和運動功能之間產生連續的互動,這兩者實際上是永遠不會各自獨立的。我在受傷造成半側身體癱瘓的人身上,往往可以在脊椎精確地找出他分不清左右的位置。肢體無法移動時,不只是運動功能受損,也有感覺的問題。即使肌肉仍可以運作,但想要動用右側時,卻會覺得像是想要移動左側肢體。我在舊金山教學時,史丹福大學的巴赫–y–瑞塔(Bach-y-Rita)教授就親眼目睹這個發現。處理腦性麻痺患者,或重建因受傷而失去優異能力的小提琴家時,可以輕易地跟隨「功能整合」的理路來進行。

現在回到先前談過的巴黎腦性麻痺女孩。她的雙手會不斷扭動,膝蓋相貼,腳跟碰不到地板,走路時腳尖著地,腳板誇張地內轉,髖關節的移動範圍很有限,腰椎僵硬無法彎曲。你可能還記得,她是聰明的女孩,這類不幸的患者,智力不見得受損,否則就需要花更久的時間來處理。這方面的處理有時會曠日廢時,卻只得到一點點改善,如果放任一段時間未加處理,原有的效果也會逐漸消失。外科醫師常常以拉長阿基里斯腱(腳跟的肌腱)的方式幫助這種病患,讓腳踝可以比較容易多彎曲一點,使

腳跟可以碰到地板。我看過兩個小孩分別接受三次這種手術，第一次在四歲，然後是八歲，再來是十二歲。不用說，外科醫師本身也不認為前兩次手術有多大的益處。他們有時會動手術拉長內收肌（讓我們能夾緊雙膝的肌肉），這種手術加上雙腿的輔具當然可以幫助孩子以多少比較好一點的方式站立。當我批評這種手術時，得到的答案往往是：「不然還能怎麼辦呢？至少做了一點事，讓小孩站得好一點，更容易蹣跚行走。」這是合理的論點，但也表示他們不曾想到有其他的可能性。一般對腦性麻痺的假設是生產時缺氧造成的腦部損傷，也有人相信是出生前就已有問題。透過手術消除最明顯的功能不良部位，有多少明顯的缺陷，就進行多少次手術，這種想法似乎是合理的。

「功能整合」則從全新的方向看待問題。一般的小寶寶在成長時必須先會動，接下來才能走路。小寶寶在這種成長的每一階段都會做出不同的動作，這些動作最後產生站立、行走等等，但這些動作沒有一個是最終動作的「練習」，而是神經器官、肌肉、骨骼與「身體」形態在每個階段的狀態所決定的動作，是那個時刻可以做的動作。如果神經系統不能協助動物面對環境中不斷出現的新需求和新可能，動物身上就不會有神經系統。我已經談過神經系統尋求次序的功能，正是這種尋求次序的性質讓小孩能透過一個又一個不穩定的活動，先是站立的某個元素，然後是另一種功能的另一個元素，而學會最後的行動方式。日後的學習也是如此，比如騎腳踏車，學習者在一開始會做出各種妨礙騎車的動作，然後學會抑制一個又一個累贅、無用、未經判斷、不符

其意圖的動作,直到發現不可或缺、條理分明、符合意向、功能分化的最終版本。所以年幼時的技巧學習(游泳、唱歌、拋接球的雜耍或任何事)都是從籠統、混亂、方向不明的活動開始,然後神經系統學會抑制所有造成失敗、不穩定、無法控制、不順暢的動作,找到次序分明的活動。

我花這麼多時間詳細描述,是為了讓你了解一位得了腦性麻痺的聰明小孩如何得到幫助,最終學會其他小孩在童年就學到的東西。假設我檢視上述的腦性麻痺女孩後,發現對她而言,以背部平躺是最輕鬆的姿勢,我會讓她躺在軟硬適中的工作檯上,在膝蓋下放置滾筒或海綿,讓膝蓋得到穩固、安全的支持。她在這個姿勢中,對抗地心引力的肌肉群(主要是伸肌)不需負載任何重量。

我們來實驗一下,請你抬起手肘,停在空中,一、兩分鐘後,放下手肘,擱在桌上或任何穩固的支撐物上,肩膀的肌肉群就會放掉原本的緊縮,因為它們的工作現在由支撐物來做。神經系統傾向於有效率的省力運作。

女孩身體的所有部位,包括腰部、頸後、雙膝,現在都得到支撐,如果有必要的話,可以是不對稱的,直到她的平躺姿勢是全身骨骼都得到穩固的支撐,好像完全用不到肌肉一樣。神經系統現在不會從腳掌接收任何刺激,腳踝、膝蓋、臀部等關節都沒有受到壓迫,肌腱沒有受到拉扯,頭部沒有負擔,不需要去看、聽或說話,也沒有被周遭環境發生的事引導。神經系統的傾向是以最理想的方式運作,基本上這與最小的刺激是一致的。傳送到

肌肉組織的神經衝動會安靜下來，意向大腦皮質可以更自由地「形成新的模式」。當整個神經系統在進行某種活動時，不論是出於意向的活動或是自動化的習慣，都無法如此自由。

現在，我面前有一個可塑的實體，具有大量的可能性。我可以改變身體壓力模式的形貌，這種壓力模式是系統的不良使用所造成的。我這段話有一部分是沒有意義的，因為我其實無法造成改變，好讓不同的神經衝動模式達到所有肌肉。我只能去碰觸、拉、推、按、摸等等，並以較有次序的方式做上述各種動作，比較像是讓系統安靜下來，有如小寶寶和小孩安心平躺時的情形。我能重複做出持續而一致的刺激，並感覺我正在處理的神經系統的反應是否能與一開始的反應有所不同。也許經過二十次或較少次的重複後，我能感覺到躺著的人收回習慣的模式，並能感覺到他或她正在形成新的神經組成方式。這是真正的進步，因為神經系統現在開始以正常的方式回應中性的環境。腦性麻痺的功能運作，不論是激動、跳動、徐動、亂動，都不會像完好無損的系統那樣以有次有序的方式回應環境的刺激，但此時躺在工作檯上的腦性麻痺小孩首度像所有正常小孩一樣來回應我。

接下來是身體最重要的部位，此部位的位置會影響一個人站立時及所有其他動作中的整個肌肉組織的張力分布。我談的是頭部。它是人身上很沉重的部位，包含我們與空間、聲音、光線和味道產生關係的所有器官。頭部在安靜平躺時沒有進行任何動作，所有遠距接收器官都沒有活動。

當環境出現最微小的變化而吸引我們的注意力時，以及意

圖進行最微小的動作時，我們就會把頭轉向右側和左側；若是快速、強烈的行動和反應，當然會有更明顯的轉動。讀者可以參考任何現代生理學的書籍，或是再去讀我的書《身體與成熟的行為》，以了解頭部的轉動如何影響全身肌肉組織的張力，以及突然失去平衡時會如何引發眼睛與頭本身的翻正反射。

我會把手放在平躺者的額頭，非常輕柔地向右側和左側轉動。情緒和智力都屬天才的人，以及感官和感受都很良好的人，他們的頭會順著我手的輕微移動而產生平順的動作，就像最好的瑞士手工手錶一樣。腦性麻痺患者的頭在這種方式下只能向左側、右側移動一點點。他們的頭無法均勻適當地回應環境，只有向特定的方向移動時，才能讓身體跟隨它，頭往所有其他方向移動時，都會僵硬地繃住，除了極有限的方向是頭部可以多少比較順暢移動之外，其他方向都無法進行平順的動作。

我已檢視過數千個一般所謂正常健康者的頭部，只有幾十個人會在手的移動下，非常平順而容易地讓頭轉向左右，他們都是卓越的人，分別是其領域的佼佼者，我已介紹過其中幾位。大部分人都介於卓越者和腦性麻痺患者之間。簡單說就是除了少數人，大部分人都不曾發揮天生就有的卓越潛力。

躺在我面前的女孩之所以會有殘障，是因為她無法了解自己極不穩定、四處搖擺的動作。重複而相似的動作可以幫助她形成清楚、良好的行動方式，但她無法重複做出相似的動作，因此我用自己來代替她的早年環境（包括地心引力與人），藉由做出一次又一次相似的頭部動作，即使是不穩定的功能運作，最後也會

辨識出一種條理分明的可能性。要做到這一點，我可能必須用一隻手持續進行頭部已被啓動、微小到不易辨認的輕柔轉動，另一隻手則放在頭部以下的身體，可能是更僵硬的部位，這種僵硬讓頭部無法進行較大或較平順的動作。如果在健康的胸腔裝上支架或打上石膏繃帶，就會造成頭部的轉動極度受限，類似嚴重腦性麻痺患者的情形。即使是一般骨骼的頸椎，若有太大的扭轉，也很容易造成脫位！十二個胸椎之間能扭轉的範圍也很小，不過腰椎可以有較大幅度的扭轉。只有最上面的兩個頸椎，第一頸椎和第二頸椎，才可以大幅扭轉，即使是僵直性脊椎炎或變形性骨關節炎，這兩個頸椎也是最後才會受到影響的部位，而且即使是末期，通常也不會完全融合不動。

當我輕壓額頭，緩緩輕柔地來回移動時，透過另一隻手移動她的胸骨、肋骨，或是必要時移動她的骨盆，可以促進身體的轉動，也增進頭部的轉動。我會先改善一個方向，當頭部的移動愈來愈容易，轉動的角度也變大時，整側的身體也會變得比較輕柔、更容易移動，眼睛張得更開，呼吸變更輕鬆，原本僵硬緊繃的部位都受到影響。

一旦平躺的人體會到頭部和其他部位的動作得到改善，往往會深吸一口舒緩之氣。接著以相同的方式處理另一側，我大約需要花十到十五分鐘，讓兩側轉動的角度從幾乎感覺不到的程度，進步到二十到三十度的範圍。

我接下來會用雙手托住頭，抬起頭離開工作檯，抬高的程度與方向是讓頭與平躺身體的關係有如健康的身體在良好站立姿勢

時的頭部所在的位置，這通常會讓橫膈膜移動，下腹部會開始上下起伏，呼吸明顯變輕鬆，也更有規律。

下一次做時，又會更容易達到更好的功能運作，只需要幾分鐘就能看到更多的進步。重複並不是非常有效的主要學習方式，但要熟悉已獲得的學習時，則是有用的方法。學習是讓未知的東西成為已知，是透過探索得到的了解。我會在第二次或第三次會面時，花幾分鐘重複第一次會面時得到的成果。接受我協助的人會感受到友善的手與態度，而不是被強迫或操弄的感覺。我在每次會面都會運用一些出乎意料、無法預期的新內容，讓這個人的全身系統一直保持注意、好奇，並覺得有趣，否則就會停滯、感到無聊，不覺得有費心學習的價值。

大部分腦性麻痺的小孩與成人都有痙攣性收縮的手掌與手指，手腕往往僵硬、無法彎曲，下手臂的尺骨通常無法繞著橈骨旋轉。尺骨是下手臂靠近小指那一側的骨頭，橈骨比較大，是下手臂靠近拇指那一側的骨頭。下手臂無法旋轉表示手肘也動得不好，而這種情形下的肩胛骨與鎖骨顯然也動得不理想。簡單來說，腦性麻痺患者全身到處都是腦性麻痺的表現，只是有些部位的障礙更嚴重。這種情形下，無法學習用自己的意向來使用肩膀與手臂。我已多次重複說明其原因。

以下舉例說明我的做法。我會抬起這個平躺的人的右手，經過他的胸腔上方。他的手臂通常不會接受我的輕柔拉動，於是我會停下來，然後以更緩慢的速度重複這個動作，但這次會用我

的右手掌扶住攣縮手臂的手肘。[1] 我的兩隻手,一隻手拉他的手腕,另一隻手推他的手肘,帶動他的右下臂跨過胸腔,朝向他的左下巴或臉頰的方向,但我不會為了增加所做的幅度而加重我的力道。然後再將之放回原來的位置,但我的雙手沒有拿開,等待他下一次呼吸時再做一次。如果重複幾分鐘之後,即使我一次又一次減少我的力度,卻仍感覺不到被拉動的手臂(手肘一直得到我的支撐)可以跟隨我的行動,並有所進展,我會放開他的手肘,把我的右手滑到他的右肩胛骨下方,帶動肩胛骨,以幫助手肘的拉動變得更容易,然後再度幫助右手腕朝向左臉頰的方向移動。通常在二十次左右愈來愈細膩的嘗試之後,手腕就幾乎可以碰到下巴。我這時會放開肩胛骨,再支撐手肘一、兩次,然後也放開手肘,改成轉動他的頭,盡可能讓頭與抬起的手腕輕鬆地相遇。最後,他的右手掌終於可以放到左臉頰上。我這時會再次支撐他的右手肘,我的左手原本握著他的右手腕,現在改成輕輕壓住他的右手背,讓他的右手掌清楚、完整地貼在左臉頰上。如果我無法協助他做到這一點,就會暫時放棄,下次再用完全不同的方式進行。但通常的情形下,我可以讓腦性麻痺患者的手掌碰到他的嘴巴、臉頰,並留在那裡,並用我的右手支撐他的右手肘,我的左手則輕輕壓住他的右手背,貼在他的臉頰上。

到了這個階段,腦性麻痺患者可以學會自己做這個動作,且相當容易做到。整個動作背後的觀念在於所有小嬰兒一開始並

---

1 譯註:作者坐在平躺者頭頂或右肩附近的方向。

不是刻意用分化的方式移動肢體與肌肉，我的意思是，小嬰兒會把兩個拳頭放到嘴巴，但一開始並不會在移動一隻手到嘴巴的同時，用另一隻手抓癢。這是成長時，長期而緩慢地學習功能運作的過程，然後神經系統才逐漸有能力引導神經衝動通過神經突觸，經過特定的樹突，到達目標肌肉。即使是單純的動作，比如刻意用大拇指尖揉搓食指尖，也需要抑制鄰近的手指，使之不動，才能清楚形成所要的細緻動作。小嬰兒有很長一段時間只能同時移動許多部位，所以在小嬰兒能自己把右手掌放到左臉頰之前，不論是出於自己的意向或任何原因，會需要好幾個月的成長與學習，而且沒有正式的老師教他。首先，他會將握成拳頭狀的雙手一起放到嘴巴，一段時間後會放到臉頰，然後才會只用一隻手。小孩會從他喜歡的人中挑選老師，向他學一些事，再從另一個人學到一些事，然後又向別人學到其他事。他非常投入，或是很有興趣，所以會感覺到自己進行的動作，而且能敏銳地感知自己對外界所做的事。於是原本僅是整體性、粗糙、缺乏方向性的動作，會逐漸產生分化。

　　你現在也許能了解前述動作的意義，當我用左手把腦性麻痺者的右手掌壓在他的左臉頰上，並用我的右手支撐他的右手肘，然後支撐他的肩胛時，他的頭會隨著肩膀的肌肉、肩膀與頭之間的所有部位，並加上他胸腔的右上角，全部一起轉動，有如一個整體。這是嬰兒期狀態的遺緒，那時把手臂與頭結合起來的肌肉仍無事可做，因為讓拳頭碰到嘴巴時，小嬰兒會扭轉胸腔，以移動頭和肩膀。同樣地，我先前描述的腦性麻痺者的處理，並沒有

牽涉到頭—肩肌肉的任何活動。神經系統會花幾分鐘或十幾二十分鐘演練，體認自己有能力讓這些肌肉保持安靜，這也許是他有生以來第一次感覺到，原本無論有沒有想動的意念都仍不停收縮的部位，現在可以完全不動。

我運用的是原始、未分化的動作與反應。這些動作像某種印記儲存在我們的系統，一般健康的人不會去運用這些動作。比如吸吮反射：小嬰兒在靠近乳頭時會噘起嘴巴。成人在發出長音的「ㄨ」聲時，比如說「不」或「吐」的時候，會有類似的嘴唇形狀。有些小孩在停止用吸吮方式進食後，嘴唇仍持續相當長時間會出現吸吮的動作，但大部分成人只有在刻意的時候才會用到吸吮的動作。另一方面，成人如果受到創傷，有強烈的情緒困擾，或是真的有神經系統的問題，上嘴唇受到突然、快速的敲打刺激時，就可能像吸吮一樣噘起嘴唇，不自主地多次重複吸吮的動作。這個在長大後蟄伏、無用的動作，在早期卻是最關鍵、重要的動作。

我運用的許多動作和反應，原本是嬰兒期所使用，後來因為用不到，就放棄而儲存到記憶銀行。我會引發臉向下跌倒時為了保護自己而伸出手臂的動作，目的是讓他可以有意圖地伸出手臂，而他以前不曾有過伸直手臂的經驗。為了做到這件事，我必須支撐並引導他的手肘、手腕和肩膀，讓他以正常的方式回應我對他手掌的刺激。我讓腦性麻痺患者學習辨識自己非刻意進行的重複模式，直到他可以不靠別人協助，自己做出這個動作。神經系統通常是以類似的方式學習，但腦性麻痺的系統無法自己達到

這種學習,因為類似的意向動作之間有太多樣化的差異,對他而言,很難從所有學習情境中各種非常相似的不同嘗試中,看見任何清楚的模式。

我發展出大量這類的方法、情境與動作,足以因應一般腦性麻痺患者的失能。有一種方法或技巧叫人工地板,對各種個案的站立與行走都是有效的輔助方式。我會詳細描述,讓你更容易掌握「功能整合」背後更寬廣的思維。

肌肉如果沒有從外界受到傷害,通常可以良好運作,除非神經系統有某種問題或疾病。肌肉組織大部分的失能問題在於意圖進行動作時,其神經衝動無法以正常的方式從神經抵達肌肉。正常情形下,我們的意圖就足以提供複雜的神經衝動模式,進行各種動作。我們的意圖大部分是由環境透過感覺器官引發的,我們的能力大多是以這個方式產生的。有時很難判斷某個特定的動作是環境刺激引發的當下反應,還是我們自己啟動的一連串運動功能。打從一開始,成長中的有機體和不斷變動的環境之間就有持續不斷的互動,即使我們確實覺得是自己想要而啟動動作,但如果審視自己在那一刻之前的生命歷程,可能還是會懷疑是否如此。

動作失敗的原因可能在於自身感覺或運動器官的缺陷,或是兩者都有。我在「功能整合」中,關注的主要是功能,所以感覺和運動的細節如果是完成功能所需要的,才具有價值和重要性。這聽起來好像在吹毛求疵,當我們沒有問題時,這確實是吹毛求疵;但是,當我們必須恢復失去的功能時,它就變得極度重要,

第九章　功能整合

因為神經傳導的正常路徑或管道發生缺口、無法延續時，要如何讓我們的意圖啓動的神經衝動抵達目的地呢？

以下是我運用人工地板的方式。對方像先前所描述的一樣平躺，背部得到安穩的支撐，他的腳從工作檯末端伸出幾英吋[2]，足以讓腳跟超出工作檯的邊緣。然後我會拿一塊長約四十五公分、寬約三十公分的板子，其厚度足以讓人感覺它是硬的，像是砧板的感覺。我用雙手抓住這塊板子，面對腳掌，然後將板子靠近腳，先做一側的腳。板子與地板垂直，逐漸接近腳掌，直到碰觸小腳趾，然後移開板子，再次碰觸，不斷來回，直到旁邊的第四趾開始顫動[3]，然後挪動板子，先是只碰觸小腳趾，然後同時碰觸小腳趾和第四趾，如此這般，直到第三趾、第二趾，最後是大拇趾，都碰觸到板子。一旦所有趾頭都碰觸到板子，我就挪開板子，改而只碰觸腳跟，然後回到腳趾，持續像這樣來回進行，直到我觀察到腳踝關節出現動作或是原本的動作變得更平順，然後就挪動板子碰觸腳掌外側，先是單獨碰小腳趾那一側的腳掌外緣，然後是單獨碰觸大腳趾那一側的腳掌外緣，輪流碰觸兩側，直到我感覺到腳板出現轉動，然後變鬆軟，並能做出或多或少正常的動作。腳會移動成以腳掌穩定站立的姿勢，好像站在傾斜的地板或是磁磚排列角度不整齊的不平穩地板。

健康、協調良好的有機體可以適應沙土、鵝卵石和各種形式

2　譯註：依個案體型差異，大約從五、六公分到十幾公分不等。
3　譯註：如果沒有顫動，也可依序進行下去。

的地面，或是起伏不定、上坡、下坡等路面。雙腿、骨盆和頭當然會不斷相應地自我調整，以恢復平穩的站姿。平躺在工作檯上的人可以讓對抗地心引力的肌肉保持靜止，因為這個姿勢下，沒有站立時的刺激，只有我用板子提供的刺激。全身關節、肌肉與肌腱中的所有神經末梢的內在感覺接受器，只會根據我在腳掌側面模仿在不平整的地面走路所給的刺激而產生反應。當這些刺激延伸到整個腳掌，而板子傾斜程度的改變也緩慢到足以對地板可能的變化產生適應時，我可以感覺到整條腿的反應就如同這個人真正站立時的情形。大約三十分鐘的時間，就可以讓那條腿同側的全身各部位都產生張力的變化，變化也會擴展到頸部肌肉和眼睛，因為頭部也涉及平衡的維持。於是我讓他的身體送出一連串神經衝動，為那隻腳的站立做好準備。如果神經衝動因為沒有通往腿部和腳掌肌肉的正常管道而無法抵達的話，我透過給腳掌的刺激，而啟動神經衝動的傳遞，以抵達目的地，就像小嬰兒和孩童早期的情形一樣。

　　如果有任何恢復的可能性，這種方法的效果遠遠優於以被動或主動的方式操作肢體。一方面，被動式動作的應用，很難在突觸的樹突形成新的路徑；另一方面，主動而努力的走路練習所做的動作，與實際需要的動作很不一樣，效果最多只是製造出不良、扭曲的站姿與行走。即使不使用我的板子，有時也可能自己恢復，不過，人工地板的技巧不但能節省時間，也能讓功能得到最佳的恢復，改善動作的品質。從整體的角度來處理功能，會以和諧的方式激發、模仿正常情形下學習感覺與運動功能時所需

的一切,就像童年早期發生的情形一樣。當所有其他方法都失敗時,人工地板的技巧很可能會成功。此外,這個技巧對我們稱為正常人的一般人也非常有效。

透過親身的經驗,你也許會更相信上述方法的效果。以下的動作類似人工地板的作用。

請靠近一面牆,光腳或穿襪子都可以,面向牆壁,右手掌放到牆上,手肘微彎,以右腳站立,左腳掌往後移動一點點,左腳跟離開地面,只用左腳尖微微觸地,以保持身體的平衡。這個姿勢就像你在走路時,準備抬起左腳,身體重量完全靠右腳支撐的那一刻。

請盡可能輕鬆、單純地以這個姿勢站著,然後移動身體重心,以右腳掌的外緣站立,不需要很努力地嘗試,差不多就好。接下來緩慢輕柔地移動重心,轉成以右腳掌的內緣站立,再回到用外緣站立。來回重複這兩種動作十幾次;每一次改變右腳掌位置時,都試著減少右手臂和右手掌不必要的用力,輕鬆地呼吸。

接下來,先以整個右腳掌站立,然後慢慢抬高右腳跟,離開地板,然後改成腳跟著地,抬高前腳掌,讓腳趾離地,來回重複這兩種動作五、六次。輕鬆地呼吸,然後再改成先前的動作,輪流抬高右腳掌的外緣和內緣五、六次。請你記得,左腳掌一直只有腳尖觸地,為的是保持平衡,左腳跟不要碰觸地板。

然後以平常的方式走路,注意右腿和右側身體與左側的差異。你可以開始判斷,如果你是平躺,而不是站著,改變腳掌壓力分布的方法會產生什麼效果。你現在雖然是站著,也足以感覺到整個右側身體肌肉張力的不同。

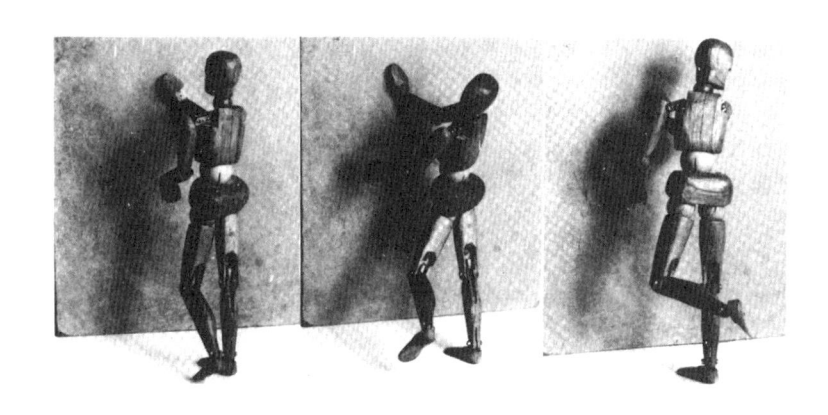

接下來請你輕鬆地檢視這幾張圖片,看看頭是如何轉動,骨盆、抬起的腿、貼住牆壁的手分別在哪些位置。

請運用你的想像力,看看這些身體部位的形態、位置可以有幾種組合。然後親自去做這些動作,一開始只做很小的動作,然後慢慢增加幅度。請用八到十次的嘗試,逐漸達到你現在可以達到的限度。請以同樣的方式完成所有可能的組合,你會發現所有動作的範圍都會增加,超過你的預期,不但動作變得更容易,也會產生整體性的姿勢改善。如果我錯估了你的想像力,就表示你比你以為的更需要這種方法。

第九章 功能整合

摘 要

　　「功能整合」基本上是透過非語言的方式進行的,它會有效是因為受傷的人失去了自助的能力,不論傷害的原因是手術(也許是脊椎手術或截肢手術)、腦性麻痺,或形形色色、無法盡述的傷害。面臨這種處境的人會喪失自信,由於自立的能力受到太大的損害,以至於大部分治療最多只能得到表面的改善。

　　早期童年形成的最深層動覺會受到影響。這個人會退離外在世界的事件,完全沉浸於內在發生的變化。運動或意向大腦皮質與感覺大腦皮質的神經功能運作必須發生徹底的改變,才會產生更平順的眼球動作與頭的轉動,腳掌壓力分布的變化,肋間肌肉的緊張度降低,以及完整的對抗地心引力的肌肉模式,而有清楚的直立姿勢的感覺。

　　接受「功能整合」之後,肌肉的張力降低,變得更均勻一致,幸福感油然而生。呼吸變得規律;臉頰發出光采;眼睛更明亮、開闊、濕潤、閃現光芒。最後,這個人會揉揉眼睛,好像從一場好夢醒來。正常人都過於忙碌,錯失了無價的東西,他們都應該來嘗試「功能整合」。

chapter 10
第 十 章

費解的顯然

THE OBVIOUS IS ELUSIVE

許多事並不明顯。大部分心理治療是運用語言來探索潛意識與被遺忘的早期經驗。然而，我們內在發生的感受遠比語言的學習更早。有些人注意的不是說了什麼，而是如何去說，讓我們可以發現說話的背後有什麼意圖，而能直達感受。感受才是特殊說話方式的決定者。簡言之，談事情時，如何說話的重要性至少不亞於說了什麼。

　　熟悉感會讓事情、行動與觀念變得明顯。我們對說話是如此熟悉，以至於相關的一切似乎很明顯。對身體的熟悉感也讓我們對身體的大部分觀念顯得很明顯。學習、思考、做夢，以及幾乎所有我們熟悉的事，也都是如此。我想說的是，言語不是思想，雖然我們認為它們「顯然」是同一件事。大部分人都很難承認這一點是正確的，但我寧可說，我們認為顯然的事，其實是出於我們對科學的無知，我們需要有更根本的了解，並重新學習我們以為自己知道的所有事。

　　即使是最明顯的現象，我們大多也所知甚少，甚至一無所知。比如不同距離或位置的火柴盒，只要仍可以辨識，怎麼看起來仍是同樣的大小與形狀呢？我們是如何吞嚥的？小孩早在還不會說話之前就已能思考。海倫・凱勒在學會自己的說話方法之前，當然已能思考。動物雖然不會說話，但他們的行為舉止往往讓我們相信他們會思考。

　　語言，甚至書寫或印刷出來的文字，對人類的發展都扮演非常重要的角色，許多人認為這是我們的遺傳天賦。語言為我們

提供資訊，有能力去做其他動物根據本能而做的事。相較於強壯的動物，甚至柔弱的動物，人的本能就像身體一樣非常柔弱。雖然如此，但我們因為語言而可以善用思考經驗。我們繼承了很偉大的事物、藝術創作、先人的知識，還有大量文化寶藏，都以書籍的方式流傳下來，比如數學、音樂、詩、文學、歷史、科學、幾何學、解剖學、廣泛的醫學著作、物理學，以及許多學科，哲學、語言學、語意學。然而我們很難判斷現代人到底只是生物結構的產物，還是也包含了他的智力天賦，而這個天賦因為不同形式的語言才得到發揮。

然而，我認為，對自我認識而言，語言是難以克服的障礙。各種不同學派運用語言來分析人心時，為了解開言語背後的內在情結，要耗費數年的時間。為了認識自己，必須解開思想和語言之間的連結，否則無法深入核心。我們出生時，思想和語言並不是無法區分的，直到花費許多時間學習說話，不再注意自己之後，才錯誤地以為言語和思考是相同的。字詞是象徵，不是符號，與數學不同。當我說「我想要」時，可能是指「我渴望」、「我需要」或「我欠缺」。當我說「我想要」時，我想的是什麼呢？我相信我只是從許多層面意義的思考中選取一部分來說，而這個部分是我想與其他人溝通的部分。我發現新的層面，我覺得很明顯，但語言這個溝通工具只向別人傳達了我某一面向的思考。因此，除非我非常小心，否則我傳達的面向可能是我不曾想要傳達給別人的。此外，與我對話的人也可能理解成另一個面向，並不是我想表達的，但對方認為自己聽得很清楚。你可以看

見這個基礎是多麼不可靠！我說我想要當作家，但自我檢視之後，發現我只是在描述我所欠缺的，我其實不是作家，這只是一個願望或渴望。所以不論是對我而言，或是對與我談話的人而言，我的言語其實不等於想法，而是模糊的象徵，指出一個很大的範圍，或是許多觀念的集合，其中可能包含互相矛盾的內容。

請大家想一想，上帝、真理、正義、誠實、共產主義者、法西斯主義者等等用語在不同人類社會的意義，就足以知道我們有很多問題都在於把言語和思考混為一談。思考是更廣泛的功能，包含許多可能的表達形式。言語則是連續的事件，因為字詞在時間上是一個接一個出現的，其本質就無法傳達包含許多面向的思考。表達思想的方式不只一種，人與人之間許多怒氣沖沖的討論與差異都是出於把思考和言語混為一談。幾乎每一個裁軍談判的代表都認為裁減軍備是大家所要的，否則就不用來談判了，但想法會用各種方式表達，大家所說的話是如此不同，結果沒有人能辨識出言語裡面的想法，因為這些想法可能有太多層面，必須花費數十年的聲明來說明，因為語言是時間裡的連續事件。

大腦有如此多不同部位，包括紋狀體、蒼白球、腦下垂體、杏仁核、下視丘、視丘、海馬迴與兩個不同的大腦半球，但它們形成的各種功能，竟然只用一套肌肉來運作，這種極度不一致的情形向來讓我感到非常驚訝。當然了，肌肉可以做出不只一種收縮，有震顫、抽動、攣縮等等，但身體的功能和肌肉的功能是否可能具有某種互相呼應的定位關係呢？只有一套肌肉為大腦所有不同部位效勞的事實，讓我得到線索，可以了解神經系統的一

體性,以及不同功能的定位。動物的動作像人一樣,表現出相似的組成方式。身體中,手指和腳趾的功能分別連結到手肘和膝蓋、肩膀和髖關節。手指的任何運用,不論是彈鋼琴、數鈔票或書寫,都必須配合鋼琴、銀行櫃檯或書桌來移動整個骨架與所有肌肉。細緻的動作需要用到手腕、手指、腳踝和腳趾,但全身肌肉組織都牽涉其中,以把較為精細的末端肢體帶到它們表現的位置。當需要更多力量時,就要用到肩膀和臀部,或是身體需要移動到精細的手指必須去的地方時,也要動用到它們。手肘和膝蓋又特別涉及人體的各種技能,但同樣地,跳躍時,整個人都必須移動;撐杆跳時,手掌必須握住杆子。粗略地說,握住杆子和撐杆跳本身是不同的。於是動作在神經系統中的定位就成了一種模糊、牽強的劃分。

同樣地,數鈔票的動作無法定位於大腦的任何部位,就像手指本身不是數鈔機一樣。每一個行動中,整個大腦都是活躍的,就像整個身體都涉入其中一樣。顯然,把整個身體傳送給鋼琴的大腦,必須運用聽覺器官、運動大腦皮質(讓手指彈琴鍵)、雙腳(踩踏板)、伸肌(以保持坐姿)和頭部……「身體」是透過這種方式來運用的。

這個概念之所以有意思,是因為下述的想法:身體在任何兩種活動之間,都必須經過直立的形態,所以大腦也具有過渡的中間形態。也就是說,從一個活動過渡到另一個活動時,需要清除記錄,從頭開始。我們可以把站姿想成動態的,是移動過程中某一特殊的點,所以從一個活動轉到另一個活動時,大腦的靜止

階段是必要的。我相信清除記錄再從頭開始的時間可能只有幾毫秒，因此不會受到注意，除非轉換的過程出現瑕疵。所以我認為膝蓋的扭傷或咬到舌頭，都發生在接續的兩個行動之間沒有完成清除記錄、從頭開始的靜止期。這些失敗發生於前者還沒有完成，就啟動新的意圖，於是新的意圖在完全靜止之前就開始了，以至於同時進行兩種不相容的行動。

以三角形為例，當想法包含了我知道的一切，甚至包括我可能發現的內容時，我會怎麼談論三角形呢？我對這個困境或問題的興趣是很實際的，當人陷入困擾，或是想要改善身體的痠痛，或是生而為腦性麻痺的有機體，或是受過傷，或具有一些自行導向（自覺能力不足）與自我破壞（自覺沒有價值）的身體習慣，我必須把某些東西傳達給那個人，才能幫助他。這些東西可能可以幫助這個人，透過自我導向的身體，而重組他的自我行動，讓生活變得更輕鬆、單純，或甚至更有趣，可以滿足美感的需求。

此時指出下述重點是有益的：自由選擇與思考密切相關，當我們向別人說出或進行溝通，或甚至是告訴自己時，就已做出決定。自由選擇的意思基本上就是在不同選項間做出選擇。在思想中，我們選擇一項表達出來，雖然在我們決定以言語說出之前，我們的想法存在好幾個其他的選擇，但說出來時，就已選擇了一項。

生活中，如果沒有選擇，就會焦慮，且往往具有強迫性。沿著地板上的一塊木板走路，你可能可以照做，看不出我的建議有什麼意義，並確信你有很好的平衡感，任何小小的失去平衡，都

可以恢復過來。你很確定，是因為你擁有選擇，可以踩到旁邊，然後矯正你的平衡，回來繼續在木板上行走。請你在想像中把這塊木板升到三十公分高，觀看自己在上面行走；然後想像升到大約三公尺高，或是更好的方法是把一塊板子放在兩個架子間，你就會發現沒有別的選擇時（這個例子是沒有旁邊的地板可以踩踏），焦慮感就會增加到足以癱瘓思考，更不要說實際執行了。你懷疑恢復平衡的可能性，這是很有根據的，因為你的平衡能力不曾接受這種程度的學習。然而有人可以從世貿大樓的屋頂沿著電纜走到隔壁大樓的屋頂。

　　我要再次強調，重點在於沒有選擇時意謂著焦慮。自由選擇表示至少有另一種方式。當我們被迫採用一種方法，而且只知道一種方法時，自由選擇是沒有意義的。因為自由選擇的意思是擁有不同而可行的行動方式，所以你可以選擇你最想要的方法。如果選擇不要行動，其實等於完全沒有選擇，這不是人生。

　　意向的自願動作，比如讓你的手掌沿著軌跡移動，你可以停止、重新開始、反向或改做其他動作。自願的動作意謂著自由的選擇；防衛、反射性的動作則是全有或全無的類型，是原始而沒有意向的動作，這種動作只在面臨危險而要自我保存，且沒有時間做選擇時，才是有效的，因為那時若不能保存自己，就會受傷或死亡。

　　如同我先前談到的，看似顯然的東西其實令人費解。當我們嘗試達到思考的主要來源時，所進入的深度已不易看見費解的東西是否比顯然的東西更明顯。所以，或許可以視自由選擇只存

在於思考的過程中,一旦思考導出行動,即使只是說出來,就木已成舟、選擇已逝。我們顯然需要更多探索與更清晰的思考,才能了解世間為什麼需要神經系統。意識是做什麼用的?為什麼只有清醒是不夠的?失去意識後,又重獲意識時,一開始通常會詢問「我在哪裡?」知道自己在哪裡,以及一般的自我定向知識,是不是神經系統的意識功能呢?如果知道意識位於大腦的什麼部位,我們是不是能更充分了解這個問題呢?

我們在此碰觸到一個非常棘手的問題。功能(比如語言或書寫)在大腦中的定位已有許多成功的例子,若對這個觀念的正確性提出任何質疑,簡直會被視為異端邪說。只有少數人從較大的區域來考慮功能,比如後腦、邊緣系統與前腦。沒有人會堅稱語言是僅僅位於布羅卡區的純粹新大腦皮質的功能,可是,基本原始的肌肉意向動作可以在大腦皮質中如此精確定位,以至於世界各地最好的神經生理學書籍都會介紹潘菲爾德的腦中小人圖(Penfield's homunculus)[1]。這個觀念太成功了,不同的實驗室都發現愈來愈精確的定位,並得到證實。

任何行動幾乎都可以隨己意而變得複雜,以開車時抽煙為例,你不會忽略身旁的友人,也能聆聽、觀察路況。據說凱撒與拿破崙都能同時閱讀、聆聽並書寫三封信。但我們無法同時行動與不行動,表面看來,這不會比開車的情形更複雜。但如果行動牽涉到整個身體,是不是也牽涉到整個大腦呢?取消行動有點像是讓移動的身體改變方向,從前者到後者的轉換,需要暫停,經過空檔,才能換檔。

停在這裡可能是比較聰明的做法，以免陷入更深的水潭。聚焦於目前的微量思考與大腦的其他功能，我想就已足夠了。畢竟，這是有用的方式，可以了解能量以及能量化為實際動作的大部分現象。

1　譯註：潘菲爾德的腦中小人圖（Penfield's homunculus）

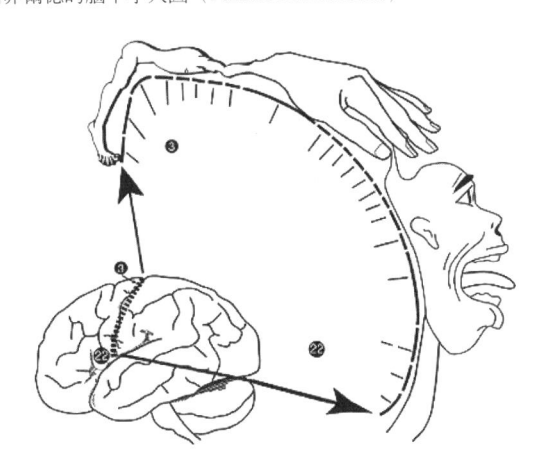

潘菲爾德將身體的感覺或運動功能在大腦中的定位畫成圖像，這是大腦額葉前端的橫切示意圖。圖中顯示出，有些部位（如手掌與臉）的功能在大腦中所占的區域較大，有些部位（如腿與軀幹）的功能在大腦中只占很小的區域，而形成一個奇形怪狀的小人圖形。這是正統解剖學的觀念，但費登奎斯對此有所質疑，詳見本章與第二章。後來的實驗也顯示腦中小人的圖形會隨著身體損傷的影響或使用方式的不同，產生動態的變化，並非固定不變。

> **摘 要**
>
> 　　愈去挖掘顯然的事,就愈會陷入充滿費解的深水。現在有許多科學家專心從事語言功能的研究,在我們可以使用「顯然」這個字眼,並真正知道其意之前,還需要對語言的來源有更精確的知識。

chapter 11

第十一章

總而言之

IN A NUTSHELL

我相信這一刻大約有一百個人在思考、蘊釀類似本書所探討的觀念，我自己就認識其中一部分的人。過去三十五年，我在許多國家帶領上百甚至上千學員的工作坊中，每次都會發現至少有一個人曾用他自己的方式發現與我的體系相當的內容。這些事實讓我相信，我前進的方向正是此時此刻最需要的方向。

　　我的工作可以衍生出許多實際的可能性，現在已應用到非常廣泛的範圍，一本書的份量實在不足以說明所有面向。我的助理、學生和我自己已在八個不同的國家向成千上萬人介紹，光是過去三個月，我們就去過美國、瑞典、加拿大、荷蘭、法國、德國、瑞士和以色列。我教過政治家、演員、音樂家、管弦樂團指揮，以及各種專業人士。我幫助過小兒麻痺症患者、受傷的士兵、車禍與工業事故的傷者、游泳者、潛水員、小孩與許多老年人。許多人得到不治之症或慢性功能失常，比如腦性麻痺、姿勢不良和呼吸困擾，他們往往得到出乎預期的助益。我希望自己至少已呈現出這個教導的基本原理，這是可以應用到所有人身上的，不論他們進行的是什麼活動。目前的成果還只是一個模糊的開始，未來將會更清楚看見它的效果與運用範圍。

　　學習如何培養個體性，可以讓社會得到更多更好的個體。我們的思考能力會得到改善，因為我們的大腦將會連結到遠比以往更為豐富的環境。現在真空管已經被電晶體取代，晶片讓電腦的可能性已超過幾十年前天才的夢想。個人的思考也透過團隊工作得到改善。我們過去把大腦的運用限制在百分之十，大部分人把他們的生活建立在有機學習的顛峰，但若局限在自己既有的能

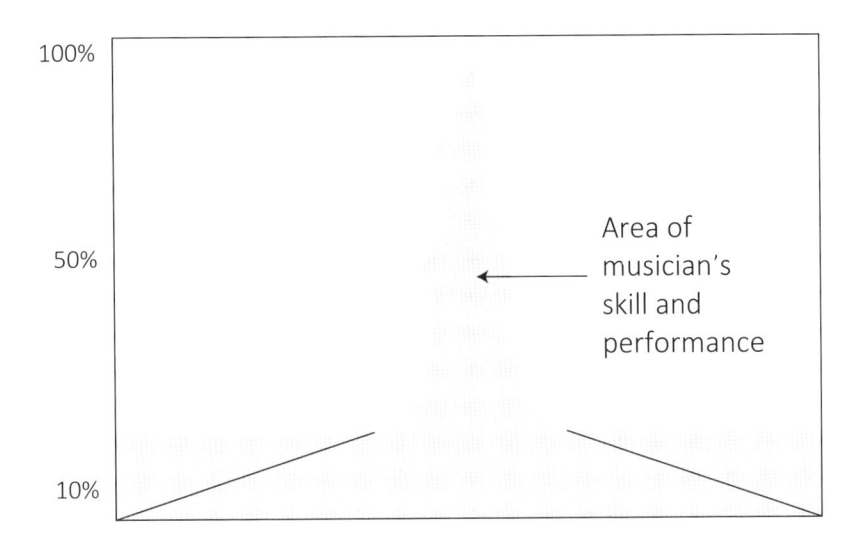

```
100% ┌─────────────────────────────────┐
     │                                 │
     │                                 │
     │              ← Area of          │
 50% │                musician's       │
     │                skill and        │
     │                performance      │
     │                                 │
     │      ╱╲                   ╱╲    │
 10% │    ╱    ╲               ╱    ╲  │
     └─────────────────────────────────┘
```

力,就也成為他們的限制與不良表現的來源。

這張圖說明優秀音樂家的發展,顛峰的區域仍只占他所有能力範圍的百分之十。我們每一個人都有一、兩個顛峰,其餘時候都只是潛在的可能。

人類經歷許多危機:通貨膨脹、大蕭條、能源短缺、生態問題,所以前面迎向我們的可能比我們想像的更糟。知識與能力的增加已消除了奴隸與苦役。所有過去偉大的文明都需要奴隸,以協助其文化的成長。埃及人用奴隸建造金字塔,希臘人有奴隸才造就了蘇格拉底與柏拉圖,羅馬人與美國人也用奴隸進行苦役。所有這一切都讓主人得以學習、建造、書寫與思考。

人類直到現在才能以自動化機器取代奴隸制度,這是最完美的奴隸。不過這個獨一無二的機會將製造更多我們預想不到的

困擾。我們將來不用為生活的必需品付出代價,就好像呼吸不需要為氧氣付出代價一樣,卻必須重新學習原已知道的任務。自動化機器和自動化工廠會讓大部分勞工失業。但要達到這種普遍的自動化,你需要花大約二十五年才能形成這種大腦素質。人口的成長會造成新一代二十五歲的人催促五十五歲到六十幾歲的人退休,不論他們可能多麼聰明。沒有奴隸的社會裡,中年人必須負責照顧二十五歲以前的年輕人和五十五歲以上的老年人。我們現在可以看見,若不學習以不同的方式來思考我們知道的事,若不擴大並深化選擇的自由,並以人性化的方式加以運用,奴隸制度的廢除將成為一場災難。

本書宣揚的學習是真正的必需品,現在必須讓它普及,因此在舊金山成立了費登奎斯協會,目前在美國各州、加拿大、歐洲和以色列已有超過一百位的實務工作者。[1] 此外,紐約的費登奎斯基金會也促進我們工作的發展,出版了影片、錄影帶、書籍、文章,以及世界各地的媒體訪問。費登奎斯基金會的優先要務與目標就是推廣各種可資運用的素材,讓每一位想要改善生活的人都可以體驗「動中覺察」與「功能整合」的課程。

---

1 譯註:現在全世界的費登奎斯實務工作者已有大約六千人,另有一說是大約一萬人。

【附錄一】中文參考書目與資料

1. 摩謝・費登奎斯關於其方法的著作有七本，世茂出版社曾在 1998 年翻譯其中三本，書名分別是《從動中覺醒》（*Awareness Through Movement: Health Exercises for Personal Growth*）、《從身態改變心態》（*The Potent Self : A Study of Spontaneity and Compulsion*）、《大師之舞》（*The Master Moves*），均已絕版。其中的《從動中覺醒》已重新翻譯，正名為《動中覺察：改變動作・改善生活・改寫人生》；《從身態改變心態》亦重新翻譯，更名為《成為有能的自己：探索自發性與強迫性》，二書均由心靈工坊出版（2017 年、2018 年）。《身體的智慧》（*Embodied Wisdom: The Collected Papers of Moshé Feldenkrais*）將其短篇文章與訪談集結成書，由張老師文化出版（2017 年）。

2. 遠流出版社於 2016 年出版的《自癒是大腦的本能》（*The Brain's Way of Healing*），其中第五、六章詳細介紹摩謝・費登奎斯與他的方法。

3. 本書內容提到一些書籍，有些有中文版可參考，如：
   - 《人及動物之表情》（*The Expression of the Emotions in Man and Animals*），臺灣商務印書館，民國 68 年。（亦可參考現代版探討身體如何反映內在情緒的書《心理學家的面相

術：解讀情緒的密碼》【全新增訂版】，心靈工坊出版，2021 年）

- 《文明的躍昇》（*The Ascent of Man*），景象，民國 65 年。

【附錄二】英文參考書目

Bateson, Gregory. *Mind and Nature.* New York: E. P. Dutton, 1979.
Bernal, J. D. *The Physical Basis of Life.* London: Routledge and Kegan Paul, 1951.
Blechschmidt, Erich. *The Beginnings of Human Life.* New York: Springer-Verlag, 1977.
Clark, Le Gros. *The Antecedents of Man.* Edinburgh: Edinburgh University Press, 1959.
Darwin, Charles. *The Expression of Emotions in Animals and Man.* London: Murray, 1904.
Dunlop, Knight. *Habits: Their Making and Unmaking.* New York: Liveright, 1949.
Erickson, Milton. *Hypnotherapy.* Irvington, NY, 1979.
Erickson, Milton. *Hypnotic Realities.* Irvington, NY, 1976.
Fulton, John. *Functional Localization in the Frontal Lobes and Cerebellum.* London: Oxford University Press, 1949.
Hanna, Thomas. *The Body of Life.* New York: Alfred A. Knopf, 1980.
Huxley, Julian. *The Uniqueness of Man.* London: Scientific Book Club, 1942.
Keith, Arthur. *The Human Body.* London: Thornton Butterworth, 1912.
Monod, Jacques. *Chance and Necessity.* New York: Random House, 1977.
Ornstein, Robert. *On the Experience of Time.* London: Penguin Books, 1969.
Poincaré, Henri. *Science and Hypothesis.* New York: Dover, 1952.
Rosnay, Joël de. *Les Origines de la Vie.* Paris: Éditions du Seuil, 1966.
Schilder, Paul. *Mind, Perception and Thought.* New York: Columbia University Press, 1942.
Schrödinger, Erwin. *Mind and Matter.* Cambridge: Cambridge University Press, 1958.
Schrödinger, Erwin. *Science Theory and Man.* New York: Dover, 1957.
Speransky, A. *A Basis for the Theory of Medicine.* New York: International Publishers, 1943.

Thompson, D'Arcy. *On Growth and Form.* Cambridge: Cambridge University Press, 1952.

Young, J. Z. *Doubt and Certainty in Science.* London: Oxford University Press, 1951.

Young, J. Z. *Introduction to the Study of Man.* London: Oxford University Press, 1971.

Young, J. Z. *The Memory System of the Brain.* Berkeley: University of California Press, 1966.

Holistic 166

費解的顯然：動作、神經可塑性與健康的結合
（全新修訂版）
The Elusive Obvious: The Convergence of Movement, Neuroplasticity and Health

摩謝・費登奎斯（Moshé Feldenkrais）——著　易之新——譯

出版者—心靈工坊文化事業股份有限公司
發行人—王浩威　總編輯—徐嘉俊
執行編輯—裘佳慧　特約編輯—林靜宜
內文排版—龍虎電腦排版股份有限公司
通訊地址—106 台北市信義路四段 53 巷 8 號 2 樓
郵政劃撥—19546215　戶名—心靈工坊文化事業股份有限公司
電話—（02）2702-9186　傳真—（02）2702-9286
Email—service@psygarden.com.tw　網址—www.psygarden.com.tw

製版・印刷—彩峰造藝印像股份有限公司
總經銷—大和書報圖書股份有限公司
電話—（02）8990-2588　傳真—（02）2290-1658
通訊地址—242 新北市新莊區五工五路 2 號（五股工業區）
二版一刷—2025 年 4 月　ISBN—978-986-357-437-8　定價—440 元

The Elusive Obvious: The Convergence of Movement, Neuroplasticity and Health
Copyright © 1981 by Moshé Feldenkrais; © 2019 by International Feldenkrais Federation.
Foreword © 2019 by Norman Doidge.
Published by arrangement with North Atlantic Books
Complex Chinese translation copyright © 2025 by PsyGarden Publishing Company

ALL RIGHTS RESERVED

版權所有・翻印必究。如有缺頁、破損或裝訂錯誤，請寄回更換。

國家圖書館出版品預行編目資料

費解的顯然：動作、神經可塑性與健康的結合 / 摩謝・費登奎斯（Moshé Feldenkrais）著；易之新譯 . -- 二版 . -- 臺北市：心靈工坊文化事業股份有限公司，2025.4
　面；　公分 . --（Holistic；166）
譯自：The Elusive Obvious: The Convergence of Movement, Neuroplasticity and Health
ISBN 978-986-357-437-8（平裝）

1. CST：學習理論

521.1　　　　　　　　　　　　　　　　　　　　114003991

心靈工坊 書香家族 讀友卡

感謝您購買心靈工坊的叢書,為了加強對您的服務,請您詳填本卡,
直接投入郵筒(免貼郵票)或傳真,我們會珍視您的意見,
並提供您最新的活動訊息,共同以書會友,追求身心靈的創意與成長。

書系編號—Holistic 166　　書名—費解的顯然:動作、神經可塑性與健康的結合

姓名＿＿＿＿＿＿＿＿＿＿　是否已加入書香家族？ □是 □現在加入

電話 (O)　　　　　(H)　　　　　　手機

E-mail　　　　　生日　　年　　月　　日

地址 □□□

服務機構＿＿＿＿＿＿　職稱＿＿＿＿＿＿

您的性別—□1.女 □2.男 □3.其他

婚姻狀況—□1.未婚 □2.已婚 □3.離婚 □4.不婚 □5.同志 □6.喪偶 □7.分居

請問您如何得知這本書？
□1.書店 □2.報章雜誌 □3.廣播電視 □4.親友推介 □5.心靈工坊書訊
□6.廣告DM □7.心靈工坊網站 □8.其他網路媒體 □9.其他

您購買本書的方式？
□1.書店 □2.劃撥郵購 □3.團體訂購 □4.網路訂購 □5.其他

您對本書的意見？
□ 封面設計　1.須再改進 2.尚可 3.滿意 4.非常滿意
□ 版面編排　1.須再改進 2.尚可 3.滿意 4.非常滿意
□ 內容　　　1.須再改進 2.尚可 3.滿意 4.非常滿意
□ 文筆／翻譯 1.須再改進 2.尚可 3.滿意 4.非常滿意
□ 價格　　　1.須再改進 2.尚可 3.滿意 4.非常滿意

您對我們有何建議？

□本人同意＿＿＿＿＿＿＿(請簽名)提供(真實姓名/E-mail/地址/電話/年齡/
等資料),以作為心靈工坊(聯絡/寄貨/加入會員/行銷/會員折扣/等之用,
詳細內容請參閱http://shop.psygarden.com.tw/member_register.asp。

廣 告 回 信
台 北 郵 政 登 記 證
台北廣字第1143號
免 貼 郵 票

心靈工坊
|PsyGarden|

10684台北市信義路四段53巷8號2樓
讀者服務組　收

免　貼　郵　票

（對折線）

加入心靈工坊書香家族會員
共享知識的盛宴，成長的喜悅

請寄回這張回函卡（免貼郵票），
您就成為心靈工坊的書香家族會員，您將可以——

⊙隨時收到新書出版和活動訊息

⊙獲得各項回饋和優惠方案